Heuschrecken und wilder Honig

Erwin Möde

Heuschrecken und wilder Honig

Johannes der Täufer – eine tragische Heilsgeschichte

Verlag Friedrich Pustet
Regensburg

Bibliografische Information der Deutschen Nationalbibliothek
Die Deutsche Nationalbibliothek verzeichnet diese Publikation in der Deutschen Nationalbibliografie; detaillierte bibliografische Daten sind im Internet über http://dnb.dnb.de abrufbar.

Gutenbergstraße 8 | 93051 Regensburg
Tel. 0941/920220 | verlag@pustet.de

ISBN 978-3-7917-3490-3
Umschlaggestaltung: www.martinveicht.de
Umschlagbild: El Greco, Johannes der Täufer (Ausschnitt), 1600–1610, Museo des Prado, Madrid (https://commons.wikimedia.org – public domain)
Satz: Vollnhals Fotosatz, Neustadt a. d. Donau
Druck und Bindung: Friedrich Pustet, Regensburg
Printed in Germany 2024

eISBN 978-3-7917-6259-3 (epub)

Unser gesamtes Programm finden Sie unter
www.verlag-pustet.de

Inhalt

Einleitung
Jenseits des „Wissens“ – Dem Ewigen auf der Spur

Dieses Buch beansprucht *nicht*, „wissenschaftlich“ zu sein. Es ist anders. Wie? Das wird sich den Lesenden zeigen. Die Seiten dieses Buches sind wie „Pfade“, die auf den Johannes der Evangelien, nämlich den „Täufer“, zuführen, um weiterzuleiten: den Wort-Zeichen, Leerstellen und Verbindungen der Texte (in interlinearer, d. h. Wort-für-Wort-Übersetzung) folgend. So ergeben sich Sinn-„Spuren“, die gleichsam als Wendungen zur biblischen Wahrheit in den Horizont jüdisch-christlicher Offenbarung einführen.

Ohne Fußnoten und nicht bepackt mit wissenschaftlichem Apparat geht es sich freier und leichter. Sinn-Biegungen können überraschen auf dem Pilgerpfad in die biblische Sprache, die sich Zug um Zug im Erzählen und Hören in das Offenbarende lichtet, *ohne* dabei objektiv begreifbar zu werden.

Noch ein Wort dazu, warum dieses Buch unmöglich „wissenschaftlich“ sein kann, aber hoffentlich hilfreich für ein alternatives Verstehen von *Lebenswirklichkeit im Horizont sprechender Offenbarung*. Spätestens seit der Aufklärung, über deren Beginn und Zielqualitäten sich fortgesetzt streiten ließe, gilt der lapidare Anspruch an das „Betreiben“ von Wissenschaft: „Etsi deus non daretur“, d. h. „als ob es Gott nicht gäbe“. Vermeintlich kann nur so Wissenschaft daraus werden und nicht anders. Solcher „Wissenschaftlichkeit“, gegebenenfalls auch Theo-Logik, liegt ein gewalttätiger Verzicht auf all das zugrunde, was mit der wirkmächtigen Wirklichkeit Gottes auch nur annähernd zusammenhängt oder an sie erinnert. Bereits Friedrich Nietzsche schrieb (1886) vom „Tod Gottes“ im Zusammenhang mit einer neuen, „Fröhlichen Wissenschaft“, von der allerdings Theodor W. Adorno gleich einleitend zu seinen „Minima Moralia“ (1951) bekennt, dass sie „traurige Wissenschaft" sei. Weil aber jede Zeile dieses Buches davon ausgeht, dass Gott wirk- und sprachmächtig ist, deshalb ist es wissenschaftlich untauglich. Dazu bekennt sich dieses Buch, sodass es kritiklos übergangen werden kann, insbesondere wenn man davon ausgehen sollte, dass der Zugang zur (biblisch vermittelten) Lebenswirklichkeit ein primär wissenschaftlich-atheistischer sein müsse.

Mit anderen Worten: Die Texte, die Sie hier lesen können, sprechen von Anfang an auf einer anderen Grundlage als der wissenschaftlicher Konformität. Ihr Anspruch ist nicht ausgerichtet auf Passform, sondern auf Sensibilisierung für die biblische Offenbarungssprache, thematisch *zentriert* auf Johannes den „Täufer".

Die Bibel in all ihren über 30 Büchern und 22 Briefen ist ein *Kunstwerk.* Wie aufmerksam, inspiriert und dem Wort gefolgsam, müssen ihre Kompositeure wohl an den Texten *gewoben* haben! Wie mutig waren die Propheten gegenüber der öffentlichen Meinung, durch die sie regelmäßig verurteilt wurden! Wie geduldig im Schreiben und wie fest in ihrem Glauben an den einen und einzigen Gott waren die Chronisten im Alten und die Evangelisten im Neuen Testament! Zwar waren sie gebildete Männer (mit Frauen im Hintergrund), aber sie waren keine Wissenschaftler und auch keine Philosophen. Ihnen allen gemeinsam ist nicht ihr „Wissen" um den lebendigen Gott, sondern ihre innere Gewissheit, „Ihm" auf der (Sprach-)Spur zu sein.

Die Bibel selbst ist Sprache, dem Ewigen auf der Spur. Davon, vom ewigen und lebendigen Gott, spricht sie, ursprünglich in Textrollen mit Lücken, ohne Punkt und ohne Komma. Ihr Sprechen betrifft die Menschen und trifft die Lebenswirklichkeit, um sie ins „wahre Aussagen" (Jacques Lacan) zu überführen; um Gott in seiner Schöpfung vernehmbar werden zu lassen in Zeichen, Wort, Sinn und Tat. Das Sprechen der Bibel ist ein fortwährend sich aufbauendes Bekenntnis zur Gottes-Wirklichkeit allen Seins und Lebens.

Die Bibel, das sind ansprechende Texte, die aus dem Schweigen kommen und Schweigen bewirken können. Die Bibel ist in ihrem „wahren Sagen" rücksichtslos: Ihre Sprache „will" weder überreden noch kompromissreich die Weltbilder, Vorurteile und Rationalitäten der Rezipienten bedienen. Ihr Dienst an der Wahrheit der Gottes-, Schöpfungs- und Heilswirklichkeit ist zugleich ihr Dienen am Menschen. Wer sich von den biblischen Texten ansprechen und führen lässt, dem kann das zustoßen, was Ijob schließlich so bekennt: „Auch mich führte er aus dem Rachen der Angst in das Weite seiner Freiheit" (Ijob 36,16). Der Gott, mit dem Ijob existenziell haderte und ihm schließlich umso mehr vertraut, ist einerseits der „verborgene Gott", andererseits der „Deus semper maior", also der „je größere Gott": Stets bleibt er geheimnisvoll immer noch anders und „größer" als der Mensch ihn und sein Wirken sich vorstellt. Nicht auf dem „Altar der Vernunft", sondern im Hinhören und Mitvollziehen der Bibelsprache gilt es, die Gottesbilder, diese heimlichen „Götzen" (d. h. „kleinen Götter") eigener Vernunft, zu opfern. Solches Opfer, zu dem bereits die kleinen und großen Propheten des Alten Testamentes aufrufen, befreit zum Größeren, zum Menschlichen wie zum Spirituellen, ermöglicht es doch, dass Gott als „Deus maior" unkontrollierbar wirksam werden kann in Herz, Verstand und Lebensgefühl.

In der Wendezeit vom Alten ins Neue Testament, an der Grenze jüdischer Prophetie, taucht plötzlich ein letzter großer Prophet auf: *Johannes*, später genannt der „Täufer". In seiner Persönlichkeit und seinem Wirken verleiblicht sich, wie in einem Gleichnis, all das an authentischer Eigenart, wahrem Sprech-Handeln und rücksichtslosem Bekenntnis, was die Bibel selbst ist. Und sie ist es, indem sie spricht *und* bezeugt: Die Bibel ist Sprache, die den anspricht, der sie hört. Das haben die Bibel *und* Johannes gemeinsam.

1 Herkunft und Hinkunft: Von Johannes zum „Täufer"

Johannes, Prophet in heilsgeschichtlicher Wendezeit: Um-Kehr zum Wahrnehmen des Ankünftigen

Johannes ist der große, exemplarische Prophet der heilsgeschichtlichen Wendezeit zwischen dem jüdischen Thora-Glauben mit seinen mosaischen Rechtspraktiken und dem schon angebrochenen Charisma des Neuen, nämlich dem Wirken Jesu als Christus (= „Gesalbter"). So jedenfalls stellen es alle vier Evangelien dar, indem sie Johannes *den* Zeugen sein lassen für die Gottessohnschaft Jesu, das „Lamm Gottes" (Joh 1,29). Johannes wird am symbolstarken Grenzfluss Jordan Jesus taufen und über ihn bekennen:

> „Dieser ist es, von dem ich gesagt habe: Nach mir kommt ein Mann, der vor mir gewesen ist, denn er war eher als ich." (Joh 1,30)

Dieses johanneische Bekenntniswort fällt insofern aus der Zeit, als es die Zeitenfolge *umkehrt*: Eine Zeiten-Wende also, in der der spätere zum ersteren wird, nämlich zu dem, der schon eher war. Die Logik des Chronologischen wird hier abgelöst durch eine hintergründige andere Ordnung, der eine andere Wahrheit zugrunde liegt als die Logik der natürlichen Reihenfolge. Johannes predigt nicht nur „Umkehr" im moralischen Sinn, sondern *Metanoia* (Umkehr) prägt sein Erkenntnis- und Denkvermögen: Er denkt „andersherum", in Umkehrung und paradoxal vom Anderen her. Das griechische Wort für Umkehr ist „metanoia" und meint, wörtlich verstanden, „hinter" (meta) das übliche Denken (noia) des Hausverstandes hinausgehen, und zwar *ohne* zu fantasieren. Dann kann sich eine andere Dimension von Erkenntnis und Verstehen ergeben, die man schon zu Platons Zeit *Pistis* (Glaube) nannte. Solches geschieht dem Erkennenden plötzlich, *ohne* lange logische Ableitung, dafür aber überzeugend, d.h. *glaub-würdig*.

Folgt man dem Johannesevangelium, so kommt der Begegnung Johannes – Jesus etwas Unvermitteltes, Überraschendes zu (vgl. Joh 1,29). Ein Zeitfenster öffnet sich: Aus der geistigen Haltung der Meta-noia heraus sieht, erkennt und bezeugt Johannes die Gottessohnschaft Jesu (Joh 1,34) als „Gottes Lamm“: „Siehe, das ist Gottes Lamm!“ (Joh 1,36). Auch diese nicht weiter vom Täufer begründete Verbindung von „Gottes Sohn“ und „Lamm Gottes“ ist einzigartig paradoxal. Im Alten Testament findet diese Kombination *kein* Vorbild. Sie ist neu kreiert und überspannt kontrastreich – bereits zu Beginn der Evangelien – das Wirken und Leiden, die Herkunft und den Erlösungsauftrag des Jesus-Messias. *Zwischen* „Gottes Sohn“ und „Gottes Lamm“ wird sich die opfervolle Heilsdramatik in allen vier Evangelien entwickeln. Bis heute geht sie nachträglich in keiner glatten Heilslogik auf. Sie bleibt enigmatisch, ohne restlose Abklärung. Sie verbleibt rätselhaft wie ein antiker Orakelspruch, der sich um die *zweipolige Achse* (Gottes Sohn – Gottes Lamm) des großen Dramas um Jesus Christus aufbaut und ausrichtet.

Johannes ist es, der so spricht und aus dieser eigenwilligen Logos-Sprache seine Zeugnisgabe und Identität bezieht. *Wer* also ist Johannes, dessen Zeugenschaft Jesus die identitätsstarken, irreversiblen Prädikate der Gottessohnschaft und des Gotteslammes zuspricht? *Wer* ist Johannes, von dem alle vier Evangelien Zeugnis geben?

Wer ist Johannes der Täufer? Zur Vorgeschichte seiner Namensbestimmung

Johannes, dem alle Evangelien viel Sprach-Raum widmen, wer ist das? – Freilich, er wirkt in der Komposition aller Evangelisten unüberbietbar als der mächtige Wegbereiter, Täufer und Zeuge für Jesus, den verheißenen „Christus"-Messias. Johannes hatte Gefolgsmänner (vgl. Joh 1,35.3,35; Lk 11,1) um sich und lebte – zumindest eine Zeit lang – von „Heuschrecken und wildem Honig" (Mk 1,6c). Er selbst war wohl so etwas wie ein junger „wilder Mann", der sogar dem jüdischen Herodes (Antipas) die Stirn bot; der die Feindschaft der Herodias auf sich zog, die von dem verliebten Herodes im Handumdrehen den Kopf des Outsiders forderte. Dass sie ihn regelrecht „auf einem Tablett" (Mt 14,11) serviert bekam, inspiriert seither die bildenden Künste in „grauen-vollen" Gemälden. Der Mord an Johannes blieb unvergessen in der jüdischen Bevölkerung, was Herodes zu schaffen machte. Stimmen werden laut (vgl. Mt 14,2), dass der Geist des toten Täufers auf Jesus übergegangen wäre, dass er Johannes sei, predigt er doch unter heiltätigen Wunderzeichen vom nahenden „Reich Gottes". Doch diese eher gespenstischen Mutmaßungen enden bald spurlos im Neuen Testament. Jesus ist *nicht* der „zweite" Johannes.

Wer aber ist der *gemordete* und nicht mehr auferstandene Johannes? Hängen nicht die Persönlichkeit des Zeugnisgebers, dessen Zeugnis und Glaubwürdigkeit eng miteinander zusammen? Während die irdische Herkunft Jesu Christi vom Evangelisten Matthäus 42 Generationen lang über David bis auf Abraham zurückverfolgt wird (Mt 1,1 f.), lesen sich die lukanischen Angaben über Johannes' Herkunft und Berufung schließlich verdichtet in zwei Versen (Lk 3,1–2). Die Evangelisten Johannes (1,19–37) wie Markus (vgl. Mk 1,1–11) setzen sofort mit dem Wirken des Täufers ein (vgl. Mk 1,2–3), ohne auf seine Herkunft überhaupt einzugehen. Immerhin berichtet Lukas ausführlich davon, dass Johannes der Sohn von Elisabeth und Zacharias sei, blutsverwandt mit Maria, der Mutter Jesu (Lk 1,39–80).

Mehr noch: Johannes' Vater Zacharias, der der Priesterklasse Abijas angehört, gibt bei der Beschneidung und Namensgebung seines Sohnes ein geistinspiriertes Zeugnis, *wer* „Johannes“ sei, nämlich ein „Prophet des Höchsten“ und ein Wegbereiter des „Herrn“:

> „Und du aber, Kind, wirst Prophet des Höchsten genannt werden, denn du wirst vorausgehen, dem Herrn zu bereiten seinen Weg [...].“ (Lk 1,76)

Dass Zacharias mit dem Namen den Auftrag und damit die Identität seines Sohnes Johannes öffentlich macht (vgl. Lk 1,66), hat ebenfalls seine signifikante Vorgeschichte. Die muss hier erwähnt werden: Während seines Opferdienstes im Jerusalemer Tempel, kündigt der Engel *Gabriel* (hebr.: geber-el = Kraft Gottes) dem Zacharias an (vgl. Lk 1,14–17), dass Elisabeth ihm einen Sohn gebären wird, den er „Johannes“ nennen soll: „Denn er wird groß sein vor dem Herrn [...]“ (Lk 1,15a). Weil Zacharias jedoch zweifelt und ein Zeichen aus dem Jenseits verlangt, wird er mit Stummheit geschlagen bis zu dem achten Tag, an dem sein Sohn beschnitten wird (Lk 1,5–25; 59–64). Bei der Beschneidung aber war nach mosaischem Recht der Name des Kindes verbindlich zu nennen.

Beide Eltern, zuerst Elisabeth (Lk 1,60), sodann Zacharias, bestehen auf dem Namen „Johannes“, und zwar gegenläufig zu dem hartnäckigen Willen der anwesenden Familienmitglieder (vgl. Lk 1,59–61), die den neugeborenen Sohn unbedingt nach dem Vater (wieder) „Zacharias“ nennen wollen. Erst als der stumme Zacharias den Namen „Johannes“ in eine Wachstafel einschreibt, kann sich dieser Legitimierung niemand mehr widersetzen:

> „Geöffnet wurde sein [= Zacharias'] Mund sofort und er redete, preisend Gott.“ (Lk 1,64)

„Johannes“, ein Name, der Wahres sagt: „Gott hat Gnade erwiesen“

Das also ist in geraffter Nacherzählung fast schon die Vorgeschichte von Johannes' späterem Wirken als Prophet, als Wegbereiter Jesu und Täufer auf der anderen, östlichen Seite des Jordan. Eine wesentliche, biblische Bemerkung fehlt noch:

> „Aber das Kind wuchs und wurde stark dem Geist, und er war in den einsamen Gegenden bis zu dem Tag seines öffentlichen Auftretens vor Israel.“ (Lk 1,80)

Die Namensgebung war also kontrovers (ob „Zacharias“ oder „Johannes“) und offen bis zu dem ultimativen Moment, als Zacharias zum Erstaunen aller festschrieb: „Johannes ist sein Name“ (Lk 1,63b). „Johannes“ besagt im Hebräischen: „Jah(we) hat Gnade erwiesen“. Somit ist der Name Johannes seiner hebräischen Lesart nach ein Zeugnis und eine bezeugende Erinnerung an den „gnädigen Gott (Jahwe)“, der seinem Volk Gnade erwiesen hat und weiterhin erweisen kann. Hierin treffen der Sohn- und der Vater-Name aufeinander, meint doch „Zacharias“ im Hebräischen „Jah(we) gedenkt“. Dass Gott gnädig seines Volkes eingedenk bleibt, darum bitten und davon künden Psalmen und Propheten; daran erinnert der prophetische Lobpreis des Priesters Zacharias:

> „Und Zacharias, sein Vater, wurde erfüllt mit heiligem Geist, und er redete prophetisch, sagend: Gepriesen der Herr, der Gott Israels. Denn er hat besucht (sein Volk) und gewirkt Erlösung seinem Volk.“ (Lk 1,68)

Gleitend, mit Vers um Vers sich verschiebender Bedeutungsgabe, verankert sich die prophetische Sinnaussage dann doch plötzlich im „Kind“ Johannes. Sie konkretisiert und vereinmaligt sich in ihm als dem „Propheten des Höchsten“, dem Wegbereiter des „Herrn“:

> „Und du auch, Kind, ein Prophet des Höchsten wirst genannt werden; denn du wirst vorhergehen vor dem Herrn, zu bereiten seine Wege.“ (Lk 1,76)

Das ist Johannes' Auftrag. Ihm ist er vorbestimmt durch den Engel Gabriel. Und zwar von seinem Namen her, der *nicht* zufällig gegeben wird, sondern sich gegen allen Widerstand der Familientradition durchsetzt. In seinem Namen also liegt bereits die Sinn- und Jahwebindung des Menschen Johannes, noch *vor* seiner Geburt. Johannes' sprach- und wirkmächtige Identität, sein Selbstsein *vor* Gott, seine Wegbereitung für den ankünftigen Messias, sie alle sind in seinem Namen symbolisiert, d. h. vorhergesagt und zusammengefasst. Dieser Name wird sein Leben und seine Täuferaktivität sowohl begleiten als auch interpretieren.

Wer also *ist* Johannes? Sein Stammbaum ist respektabel. Über seinen Vater Zacharias leitet er sich weit zurück bis in die Priesterklasse des Abija, ein Name der (hebräisch) besagt: „Mein Vater ist Jahwe". Auch Elisabeth, die in ihrem Namen (hebr.: Elischaba: „Mein Gott ist Fülle") den Wortbezug zur Gnade Gottes trägt, ist aus dem (Priester-)Geschlecht Aarons, verwandt mit Maria, der Mutter Jesu. Die Herkunft des Johannes führt durch beide Elternteile tief hinein in das genealogische Fundament Israels, seiner Berufung und Priesterschaft, die Zacharias' Opferdienst im Jerusalemer Tempel fortführt. Die Vorfahren des Johannes waren – aus der Perspektive des Evangeliums – Weggefährten des einzigartigen Mose, des Erzpropheten, der sein Volk 40 Jahre lang über 42 Stationen bis an das Ostufer des Jordan führt, also an einen Symbolort, an dem Jahrhunderte später Johannes als Täufer wirken wird.

Mose (hebr.: „Der [aus dem Wasser] Herausgezogene") wird niemals den Grenzfluss Jordan überschreiten, der deshalb der „Herabsteigende" heißt, weil er vom Hochland Galiläa aus südwärts hinabfließt ins Tote Meer. Mose wird den Berg Nebo hinaufsteigen, der 19 km östlich des Jordan zu imposanten 883 Höhenmetern aufsteigt. Von dort wird er über den Fluss hinweg in das „Gelobte Land" schauen, die zwölf Stämme Israels (mit einem für jeden Stamm speziellen Segen) segnen und dann sterben. „Und niemand kennt sein Grab bis auf den heutigen Tag." (Dtn 34,6)

Kurz nachgefragt: Weshalb sollte niemand Moses Grab kennen? Weil das Begräbnis des Mose so einmalig geschah, wie der

Mann Mose war: Gott selbst begrub ihn „im Tal der Moabiter, gegenüber von Beth Pegor“ (Dtn 34,6). Und weil der sprechende Gott auch schweigen kann, sind das Begräbnis wie das Grab des Mose dem menschlichen Wissen und Wollen entzogen. Exakt „30 Tage lang“ wird Israel Mose, den 120-Jährigen, betrauern. Dann bricht eine neue Führung an: Jehoschuah, der Sohn Nuns (Dtn 34,9 f.), wird das Volk über den Jordan führen.

Johannes ist also der, der *dort* einsetzt, nämlich im Osten des Jordan, wo Mose *endete*. Bis dorthin war Mose gekommen. Einer der 70 Gottesnamen jüdischer Frömmigkeit ist „Schadai“. Er besagt: „Grenze“, „genug“. – Unter Jehoschuah, dem Mose kurz vor seinem Tod „die Hände [segnend] aufgelegt hatte“ (Dtn 34,9), geht die Wegführung Israels *anders* weiter. Jehoschuah (bzw. Joshua) heißt: „Der Herr hilft“. Die latinisierende Übersetzung dafür ist in römischer (Besatzungs-)Zeit: *Jesus*.

Mose und Jehoschuah, Johannes und Jesus bilden *Paare* im biblischen Sinn von Begleitung, von Nachfolger und Vorläufer. Johannes ist der „vor-läufige“ Wegbereiter Jesu, des *anderen* Jehoschuah, der über Thora und Tenach hinaus in das „Neue Testament“, also in ein „Neues Zeugnis“, einführen wird. Es ist das erneuerte, umfassende Zeugnis von Gott und Mensch, von (Gottes-)Wirklichkeit und (Menschen-)Leben; ein „ahnungs“-volles Zeugnis, das bis zu Mose und Aaron in die Tiefe der Thora führt, bis hin zum Jordan und *darüber hinaus*.

Johannes wirkt in dem Bewusstsein seiner „Vor-läufigkeit“, und er sagt das immer wieder ausdrücklich. „Vorläufig“ ist nicht „zufällig“. Den bloßen „Zufall“, den moderne Wissenschaft zum universalen Gesetz der „Kontingenz“ erhoben hält, gibt es in der Bibel *nicht*. Auch die Auswahl und Zusammenstellung aller biblischen Texte ist nicht „zufällig“, sondern sinngeführt, sodass die Bibel (griech.: biblion = Buch) „Heilige Schrift“ ist.

Wer also ist Johannes? Er ist der, dessen (familiäre) Spuren „thora- weit“ verfolgbar sind und dessen eigene Fußspuren in die östliche Wüste und an den Jordan führen. Er ist der, der dort Jesus erwartet (vgl. Joh 1,28) und Zeuge wird für dessen Gottessohnschaft als „Lamm Gottes“ (Joh 1,36). Johannes der „Täufer“ ist der Verkünder und Zeugnisgeber dafür, *dass*, durch *wen* und *wie* „Gott Gnade erweist“ (vgl. Joh 1,27–36). Johannes ist der geistbegabte Seher, der allein das Zeichen „sah, dass der Geist herabfuhr wie eine Taube und blieb auf ihm [= Jesus]“ (Joh 1,32b).

Johannes, das ist auch der, der den „Priestern und Leviten“ (Joh 1,19) Antwort gibt, die immerhin den Weg von Jerusalem zum anderen Jordanrufer auf sich nahmen. Dort werden sie überrascht von der bis dahin nie so gehörten, rätselhaften Antwort des Propheten, die „Stimme eines Rufenden“ zu *sein* (nicht zu haben!).

Johannes' Antwort auf projektive Fragen: „Stimme eines Rufenden in der Wüste" (Joh 1,23)

Je einfacher manche Fragen(den) daherkommen, desto mehr Bewusstsein, Konzentration und Selbstbegrenzung brauchen die Antworten. Man erinnere sich nur an den bescheidenen, umweltfreundlichen Philosophen Diogenes. Angeblich lebte er selbstgenügsam in einer Tonne in mediterranen Gefilden. Alexander der Große klopfte ihn bei gutem Wetter aus seinem Gehäuse, um ihn zu fragen, was er sich von ihm wünsche. Eine völlig überraschende, nicht mehr wiederkehrende Chance, so denkt man sich als normal Sterblicher. Und Diogenes nützt die Chance ohne langes Nachdenken, was für einen Philosophen eine praktisch-asketische Leistung ist. Angeblich antwortete er dem großen Alexander: „Geh mir aus der Sonne!" Ein Wunsch, der ihm immerhin sofort erfüllt werden konnte und ihm auf Dauer einen Platz in der Philosophiegeschichte einbrachte.

Diogenes und Johannes gemeinsam ist wohl die Enttäuschung, die sie dem bzw. den von weit her Angereisten mit ihren Antworten bescherten. Ihre Antworten sind nämlich anspruchslos. Gemeinsam ist beiden auch die kurze, einfache Klarheit ihrer Antworten, ohne Wenn und Aber. Sie sind präzisen Pfeilschüssen vergleichbar, nicht langatmigen Erklärungen. Die folgende Perikope aus dem Anfang des Johannesevangeliums gibt gegliedert und gerafft den Dialog des Täufers mit denen wieder, die ihn zunächst prüfend, schnell aber *projektiv* befragen:

> „Und dies ist das *Zeugnis des Johannes*, als sandten zu ihm die Juden aus Jerusalem Priester und Leviten, damit sie fragten ihn: Du, wer bist du?
> Und er bekannte, und nicht leugnete er, und zwar bekannte er: Ich bin nicht der Gesalbte. Und sie fragten ihn: Was denn? Bist du Elija?
>
> Und er sagte: Nicht bin ich (es). Der Prophet bist du? Und er antwortete: Nein.
> Da sagten sie zu ihm: Wer bist du? Damit Antwort wir geben den geschickt Habenden uns. Was sagst du über dich selbst?

> Er sagte: Ich (bin) *Stimme eines Rufenden* in der Wüste: Richtet gerade den Weg des Herrn, wie gesagt hat Jesaja, der Prophet."
> (Joh 1,19–24)

Alle vier Antworten des Täufers zusammen formen sein (Selbst-)Zeugnis, das, aus ihm gesprochen, weit über ihn hinausweist auf den *Anderen*. Er umschreibt ihn (in Joh 1,27) als den, „der nach mir kommen wird, der vor mir gewesen ist ..." Das griechische Wort für solch ein wahres „Zeugnis" lautet übrigens quer durch das Neue Testament: *martyria*. Gemeint ist ein „Zeugnis", das existenziell ist und deshalb wirkungsstark.

Das „Zeugnis des Johannes" (Joh 1,19–24), also sein Selbstzeugnis und des Weiteren sein Bezeugen der *Zuwendung* Gottes (Joh 1,29 f.) *in Jesus, dem Christus* (Gesalbten), wirkt fort über Äonen, wo auch immer die „Frohbotschaft" gelesen und gehört wird. Die „Martyria" seines Selbstzeugnisses, die Johannes in *vier* konsequent aufbauenden Antworten den Pharisäern (vgl. Joh 1,24) übermittelt, ist es wert, im Einzelnen nachempfunden, analysiert und schließlich insgesamt gewürdigt zu werden. Derart lässt sich die Leitfrage „Wer ist Johannes der Täufer?" in eine erweiterte Dimension von Antwort überführen. Das Verhalten des Täufers bringt einen jedenfalls auf die Spur einer Antwort zu der umfassenden, nicht nur theologischen Frage, *wer* er sei.

Das Experiment lohnt sich übrigens, sich selbst, allein für sich, zu fragen: Wer bin ich? Zunächst und gefühltermaßen scheint es so einfach, der Frage die Antwort aufzusetzen wie einer Kleiderpuppe den Hut. Bin ich mein Name; das Produkt meiner Herkunft; bin ich mein Leib; bin ich mein Denken, meine psycho-moralische Haltung? Wer bin ich bzw. zu wem werde ich in Verhaltensweisen, in denen ich mich selbst nicht mehr wiedererkenne? Wer bin ich, wenn ich bewusstlos schlafe, und wer werde ich sein in dem Moment, in dem „ich" sterbe? – Vorstellungen, Erinnerungen, Identifikationen, (Körper-)Bilder und immer wieder Gedanken, in denen der Frager sich selbst zu begreifen sucht, um sich dabei unversehens – je intensiver das Nachfragen, desto mehr – zu *spalten*: in ein Ich – Mich, Beobachter – Objekt, Erkennender – (Nicht-)Erkanntes.

Freilich kann man die Wer-Frage weniger grundsätzlich stellen, und zwar dadurch, dass man sie auf Relationen und Verhältnisse bezieht, so wie das beispielsweise in Sprach- bzw. Intelligenztests praktiziert wird. Kurzum, die scheinbar so simple Frage „Wer bin ich?" wird eigendynamisch zum Labyrinth, in dem man sich verlieren kann. Allerdings ist ein Labyrinth etwas anderes als eine Falle. Sogar das Labyrinth des Minotaurus barg die Chance eines Auswegs aus der Wirrnis. Im Mythos ist es die kluge Ariadne, die Athens König Theseus das Fadenknäuel mitgibt. Mithilfe des Ariadnefadens findet er nicht nur im Innersten des Labyrinths das Untier und tötet es. Er findet auch wieder heraus aus dem nicht ganz ausweglosen Gehäuse des Palastes, in dem der „Schreckliche" sich verbarg.

Johannes wird von den Abgesandten der mächtigen Pharisäer (hebr.: parusch = getrennt) gefunden und angegangen mit der Zentralfrage: „Wer bist du?" (Joh 1,19). Zu sagen, wer man nicht ist, das ist viel eher möglich als zu sagen, wer man sei. Gerade dafür sollte das obige Experiment der Selbstbefragung sensibilisieren. Offenbar geht es den abgesandten Fragern zuerst um die – auch religionspolitisch – hochsensible „Messias"-Frage, ob Johannes die Würde des „Gesalbten" (Christus) für sich beanspruche. Ohne Weiteres verneint er das: „Ich bin nicht Christus." (Joh 1,20b) Weil mit dieser Verneinung die Frage offen bleibt, beginnt bei den Fragern ein begieriges, mehrteiliges Nachfragen, um den Fixpunkt der Gewissheit zu erlangen, *wer* Johannes sei. Nicht nur aussagepsychologisch auffällig ist, dass die Folgefragen nicht mehr offene und wirkliche Fragen sind, sondern solche *projektiven* Inhalts:

> „Und sie fragten ihn: Was denn? Bist du Elija? Und er sagte: Nicht bin ich es. Bist du der Prophet? Und er antwortete: Nein." (Joh 1,21)

Der Verstext belegt: Die Abfolge der insistierenden, projektiven Fragestellungen (Elija, Prophet) beschleunigt sich. Ebenso die verneinenden Kurzantworten des Johannes. Längst schon sind aus der anfänglichen Wer-Frage Unterstellungen geworden, inhaltlich gefüllt mit den damals im Palästinajüdischen kursierenden Vorstellungen wiederkehrender Prophetengestalten aus alttestamentlichen Zeiten. Auf Jesus selbst werden wiederholt Elija und Elischa als prophetische Retter projiziert (vgl. Mt 14,16; Mk 8,28; Lk 9,19; Mt 27,47–49; Mk 15,35 f.). Nicht nur die schnellen Nachfragen wirken bedrängend und unterstellend. Die „Priester und Leviten" (Joh 1,19) erweisen sich schließlich als bloße Handlanger der Pharisäer. Von ihnen vorgeschickt, sind sie entfremdete Frager. Nicht um die wahre Antwort geht es ihnen, sondern darum, ihren Auftrag pflichtgemäß abzuschließen:

> „Da sprachen sie zu ihm: Wer bist du? Damit wir Antwort geben denen, die uns geschickt haben. Was sagst du über dich selbst?" (Joh 1,22)

Indem Johannes alle Unterstellungen konsequent verneint, wird endlich ein *Wendepunkt* erreicht. Nach erfolglosem Umweg sind die „Priester und Leviten" wieder am Ausgangspunkt angekommen (vgl. 1,19), nämlich der noch immer offenen Frage: „Wer bist du? […]. Was sagst du über dich selbst?" (1,22). Jetzt erst, nach den vereinnahmenden und gescheiterten Projektionen, gewinnt Johannes die schmale Chance, gehört zu werden. Ein enger Korridor aus dem *Labyrinth der Projektionen* – nur einen Vers (1,23) lang – tut sich auf für die eigenständige Antwort des Täufers, dessen Ariadnefaden sein wahres Sprechen ist:

> „Ich (bin die) *Stimme* (eines) *Rufenden* in der Wüste […]." (Joh 1,23)

Um dem Besonderen und Wahren der Täufer-Antwort nachzuspüren, sollen hier die ursprünglichen (sechs) griechischen Worte seines Aussagens wortgetreu gelten: „Ich Stimme Rufenden in der Wüste". Eine Übersetzung in geläufiges Deutsch ist hier nur möglich um den Preis einer gewissen Verfälschung. Diese geschieht zwangsläufig dadurch, dass das schwebende *Aussagen* des Textes zu einer flüssig lesbaren und gut verstehbaren *Aussage* gepresst wird: Übersetzt wirkt der Text lückenlos, was er keineswegs ist.

Die Antwort des Johannes ist selbst wie ein Rufen, das nicht eingefangen und verdinglicht werden kann. In seiner Antwort verfällt Johannes *nicht* in das Bildhafte und Dingliche, *nicht* in Konkretisierung und soziale Rollenzuweisung. Was er „über sich" aussagt, ist weder visualisierbar noch relational fassbar und schon gar nicht widerlegbar. Es ist hart an der Grenze einer verstehbaren, verbindlichen, d. h. kommunikativen Aussage. Sie entzieht sich der Zuordnung, sprich die Ohren und das *Hören* an, nicht die Augen, nicht den Blick und die imaginäre Vorstellung.

Die Antwort des Johannes abstrahiert den Sprechenden in das fast Leiblose-Akustische zeitloser Weite („Wüste"), enthebt ihn dem, was man landläufig „Objektbeziehung" nennt: Zu wem, für wen spricht das „Rufen", dessen Stimme von Johannes kommt? – Darf man es wagen zu behaupten, dass die „Stimme" die Stimme *des* Johannes *ist* ? Das klänge so, als ob Johannes über „seine" Stimme und „das" Rufen verfügen könnte. Das würde den grammatikalischen Anschein erwecken, als ob es Johannes autonom, an sich und *für sich* wirklich *gäbe. Ein solches „autonomes Ich" mit selbstgeleiteter Sprach-* und Handlungskompetenz, sollte das die Identität des Täufers sein? Als willensstarker „Rebell" mit fatalem Durchsetzungsvermögen, so wird Johannes wiederkehrend in Meisterwerken bildender Kunst porträtiert. Aber ist das Johannes? – Nein, das ist er nicht. Wenige, wie der hellsichtige Maler El Greco verstanden das.

Johannes, der Sohn von Elischaba und Zacharias, ist (ein) sprechendes Rufen und rufendes Sprechen mit imperativischer Botschaft vom großen Anderen her:

> „Gerade richtet den Weg des Herrn, wie gesagt hat Jesaja, der Prophet." (Joh 19,23)

In seinem Rufen tönt, wie von Ferne her, der Aufruf Jesajas nach. Dem folgt Johannes in seinem Rufen und Tun für den „Sohn Gottes". Johannes' Identität ist verwoben mit dem Vorher der Prophetenzeit und dem Nachher des messianischen Äons, mit Jesaja und Jesus.

„Warum taufst du?“ (Joh 1,25): Johannes’ Verweis auf die Geisttaufe

Verständlich, dass die „Priester und Leviten“ nichts anfangen können mit der luftig-akustischen Selbstaussage dessen, der im Sprechen genau dieses „Selbst“ auflöst in ein „Rufen“ ohne identifizierbare Zielobjekte und ohne genauere Programmatik, aber auch ohne die Eigenwilligkeit, die sich andererseits im Tun des Täufers manifestiert. Deshalb fragen die, die aus Jerusalem den staubigen Weg auf sich nahmen, punktualisiert nach. Dabei überspringen sie die ihnen bereits gegebene, ihnen inakzeptable Antwort des Johannes. Wieder – wie im Wiederholungszwang – greifen sie zurück auf ihre vorherigen Projektionen:

„Und sie fragten ihn und sagten zu ihm: *Warum* denn taufst du, wenn du nicht der Gesalbte und nicht Elija und nicht der Prophet bist?“ (Joh 1,25)

Aus der einleitenden, umfänglichen Wer-Frage an Johannes wird, mit der *Verleugnung* seiner weitgehend bildlosen, rätselhaften Antwort, die *Warum*-Frage: „*Warum* taufst du […]?“ – Das ist es, was sie wirklich wissen wollen: welcher Autoritäts- und Machtanspruch sich im Tun des Johannes, in seinem Täufertum, verbirgt. Bald schon werden dieselben Zirkel religionspolitischer Macht nicht aufhören, die analoge Frage an Jesus zu richten, aus welcher Vollmacht er denn handle. Die Warum-Frage der „Priester und Leviten“ ermöglicht Konfrontation und Streit. Die aber führen weg vom Geistigen zum Materiellen, von der Sprache zum Macht-Anspruch und zur *Ausgrenzung* dessen, der eh’ schon am anderen Jordanufer im Osten, „in Betanien“ (Joh 1,28), angelangt ist.

Johannes verweigert sich nicht und antwortet:

> „Ich taufe mit Wasser; mitten unter euch steht, den ihr nicht kennt, der nach mir Kommende, dessen Sandalenriemen zu lösen ich nicht würdig bin.“ (Joh 1,26–27)

Johannes nennt keinen Namen. Warum? Weil er ihn *nicht* kennt. Er verweist auf einen noch Namenlosen, Kommenden und qualifiziert ihn zweifach: als den, der schon vor ihm war, ohne sein Vorgänger zu sein und als den, „dessen Riemen der Sandalen zu lösen" (V. 27b) Johannes nicht „würdig" sei. Folgt man der Textbotschaft des Johannesevangeliums, dann gilt, dass Jesus erst „am nächsten Tag" (Joh 1,29) von Johannes gesehen und erkannt wird als das „Lamm Gottes, nehmend/ergreifend die Sünde/ Verfehlung der Welt" (Joh 1,29b). Das griechische Zeitwort „aireo" ist zwar von vielfacher Bedeutung, besagt aber in seinem Wortstamm: „nehmen", im Sinne von „erfassen, ergreifen".

Bleibt man bei dieser einfachen Grundbedeutung *ohne* in tendenziellen Deutungen wie „wegnehmen, übernehmen, auf sich nehmen" zu übersetzen, dann wird dadurch nicht bereits die Übersetzung des Bezugswortes „Hamartia" vorbestimmt. „Hamartia" ist ein Schlüsselbegriff des gesamten Neuen Testaments und meint eigentlich „Verfehlung". Wenn beispielsweise der Bogenschütze nicht ins Schwarze trifft, sondern vom Ziel abweicht und es verfehlt, dann geschieht ihm „Hamartia". Anders als „Sünde" ist „Hamartia" im Griechischen zunächst *kein* moralischer Begriff, lässt aber – insbesondere auf alttestamentlichem Thora-Hintergrund – die Übersetzung mit „Vergehen" bzw. „Sünde" im abgeleiteten Sinn zu. Das alles mag zunächst (unnötig) kompliziert klingen, ist aber entscheidend, um die Diskrepanz in der Bedeutungsverschiebung von „Fehler" zu „Verfehlung" – „Sünde" zumindest wahrzunehmen.

Mit dieser sprachlichen Unterscheidung gewinnt der Ausruf des Täufers nicht an Eindeutigkeit, sondern bleibt mysteriös. *Was* und *wen* meint Johannes? Johannes mag Jesus kennen. Aber die Identität Jesu als „Lamm Gottes" und „Gottes Sohn" kommt Johannes nicht aus eigenem Erkenntnisvermögen zu. Sie wird ihm offenbart. *Wörtlich,* d. h. in Wort-für-Wort-Übertragung, sagt der Text:

> „Und ich nicht kannte ihn, aber damit er offenbart werde Israel, deswegen bin gekommen ich. Und es bezeugte Johannes, sagend: Ich habe gesehen den Geist herabkommend wie eine Taube aus dem Himmel und er blieb auf ihm; und ich nicht kannte ihn, aber der geschickt Habende mich, zu taufen mit Wasser, der mir hat gesagt: Auf wen du siehst den Geist herabkommend und bleibend

auf ihm, der ist der Taufende mit heiligem Geist. Und ich habe gesehen, und ich habe bezeugt, dass dieser ist der Sohn Gottes." (Joh 1,31–34)

Jetzt erst, ab Vers 31, gibt Johannes klar und umfassend den Auftrag und Sinn für seine ritualisierten Taufhandlungen an: Seine Jordan-Taufe ist Vorgabe für ein Offenbarungsgeschehen, in das Johannes selbst *als* Subjekt inbegriffen ist. Offenbarung geht also *nicht* ursächlich und eigenmächtig von ihm aus, sondern er gehört konstitutiv dazu, so wie ein Buchstabe zum Alphabet. Er tauft mit Wasser als symbolischem Akt der Reinigung und spirituellen Erneuerung, der Umkehr (Meta-noia) zur Vorbereitung auf das (Ein-)Wirken des ankommenden, zunächst noch namenlosen, großen Anderen. Mit Hilfe von „Geist" und „Zeichen" vermag er ihn endlich sicher zu identifizieren: *Jesus*, „dieser ist Gottes Sohn". Der ist es, der „mit heiligem Geist tauft." (V. 33c)

Indem Johannes am Jordan tauft und dabei sein „Zeugnis" (Joh 1,19) gibt, wird ihm Jesus vom Heiligen Geist als „Gottes Sohn" geoffenbart, was der Täufer wiederum ausdrücklich selbst bezeugt (Joh 1,34). Liest man die Erzählung der johanneischen Zeugnisgabe von ihrem Ausgang zurück zu den *zwei* entscheidenden Fragen der Abgesandten an Johannes („*Wer* bist du? – „*Warum* taufst du?"), dann taucht eine Ahnung auf bezüglich seiner einmaligen Sendung:

Weil er es ist, der Jesus als Christus bezeugen soll und wird, *deshalb* tauft er. Die volle Wahrheit seines („Gottes Sohn"-)Zeugnisses kennt Johannes zu dem Zeitpunkt noch gar nicht, als er gefragt wird: „Warum taufst du?" – Diese Wahrheit der Antwort enthüllt und erfüllt sich erst, Tag für Tag (vgl. Joh 1,29: „Des folgenden Tages ..."), Handlung für Handlung, bis hin zur zeichenhaften Offenbarung bei dem, was man verallgemeinernd die „Taufe Jesu" (vgl. Joh 1,32–34; Mt 3,13–17; Mk 1,9–11; Lk 3,21–22) nennt.

So verstanden werden *Kausalitäten umkehrbar* und die Warum-Frage *doppelseitig* einer diesseitig-jenseitigen Antwort angenähert: Weil Johannes vor Ort ist, um dort mit Wasser zu taufen, deshalb kann er dort schließlich Jesus taufen und seine Messias-

Würde bezeugen. So begründet sich das Wirken des Täufers in diesseitiger Logik. Die „jenseitige", spekulative Logik spricht andererseits aus der Umkehrung: Deshalb, weil er es ist, der Jesus als Messias bezeugen wird, tauft Johannes bei Betanien am Jordan, *ohne* den „Christus" zu kennen und *ohne* ihn taufen zu wollen. Beide Kausalitäten ergänzen und begründen einander, falls der Leser bzw. Hörer dies zulässt. Beide bewirken die doppelseitige Antwort auf die Frage: „Warum taufst du?" (Joh 1,25)

Bemerkenswert, dass sich auch das „Zeugnis" des Johannes diesseitig-jenseitig aufbaut: Zunächst bezeugt er den Fragen gegenüber, dass er tauft *und wartet* – auf einen (noch) Namen- und Zeitlosen, der, wie Johannes den Anwesenden verkündet, bereits „mitten unter euch" sei. Dieses erste johanneische Zeugnis, zu den „Priestern und Leviten" gesprochen, kann man mit „Verheißung" überschreiben und „diesseitig" nennen, bezogen auf die Warum-Frager vor Ort. Die zweite, große Zeugnisgabe des Täufers erfolgt erst „am folgenden Tag" (Joh 1,29a). Sie ist als substanzielle und metaphysische Aussage („Sohn Gottes", „Lamm Gottes") unüberprüfbar „jenseitig" ausgerichtet. Theologisch gesprochen ist sie meta-physisch (d. h. „nach" bzw. „hinter" dem Physischen, Materiellen usw.), also nicht empirisch beweisbar.

Aber für die, die das Zeugnis annehmen wollen, wird sie umso glaubwürdiger durch das vom „Geist" gegebene „Zeichen" aus dem Jenseits der „Himmel" (Joh 1,33).

Vielleicht mag sich Ihnen als Leser(in) hier, in der aufmerksamen Textlektüre (Joh 1,19–34) Folgendes exemplarisch verdeutlichen, das für die gesamte Bibel in ihrer Qualität als „Heilige Schrift" gilt: Die herangezogenen 15 Verse sind von einer schier unerschöpflichen, reziproken Verweiskraft *zueinander*. Ihre Logik ist mehrteilig und mehrseitig. Sie ist einerseits chronologisch, andererseits *nicht* darauf fixiert: Umkehr und Umkehrschluss öffnen die Verlaufslogik der Narration in eine andere Kausalität und mehrdimensionale Wahrheit hinein: die Wahrheit des johanneischen Zeugnisses.

Der Text erzählt einerseits von Offenbarung. Zugleich schafft er im Akt der aufmerksamen, „hörenden" Lektüre ein sich erweiterndes Verständnis für ein vielgestaltiges Geschehen, das – indem es sich *präzise* vollzieht – auf Gottes Wirken durchscheinend wird. Der Geist führt Johannes, dessen Auftrag gemäß, an den Grenzfluss Jordan, den Ort der Begegnung mit Jesus. Der Text führt Leser wie Leserin Vers für Vers (lat.: vertere = drehen, wenden), Wendung für Wendung, an die Grenze zum Besonderen und Anderen: zu dem, was keinesfalls unvernünftig ist, aber logisches Begreifen allein übersteigt. Damit lädt der Text ein zum weiteren Wahrnehmen, zum Vernehmen der sich anzeigenden Gottes-Wirklichkeit, zu der menschliche Vernunft seit dem ersten Menschenpaar aufgerufen ist.

Seitenblicke zur Eigenlogik des Schicksals: Eine Kurzgeschichte mit überraschender Wendung

Die (Chrono-)Logik der soeben angeführten Textpassage des Johannesevangeliums (Joh 1,19–34) wird – wie vorhin aufgezeigt – auffällig durch ihre Umkehrung im Zeitverständnis und in Begründungszusammenhängen:

> „Nach mir kommt ein Mann, der vor mir gewesen ist, weil eher als ich er war." (Joh 1,30)

So kommentiert der Täufer den erwarteten Unbekannten, der allerdings bereits „mitten unter" (Joh 1,26) die Zeitgenossen getreten sei.

Vorher und Nachher werden in ihrer Abfolge relativiert. Sie gelten nicht mehr automatisch und zuverlässig. Ähnliches gilt für Johannes' Antwort auf die beiden Achsenfragen, wer er sei und warum er taufe. Erst im Nachhinein, mit dem Auftreten Jesu und in einer gewissen Kausalumkehr, wird verständlich: Weil Johannes der ist, der Jesus als „Gottes Sohn" bezeugen *wird*, deshalb tauft er. Seitens der „Priester und Leviten", die extra den Weg von Jerusalem in die Wüste am Jordan auf sich nahmen, um über Frage(n) und Antwort definitiv Klarheit zu erlangen, kommt es sehr bald zu haltlosen, labyrinthisch-projektiven Unterstellungen gegen Johannes. Seine Sprache bleibt ihnen unverständlich. Was er sagt, akzeptieren sie nicht. Aus der *Lücke* dazwischen entsteht Ablehnung.

Die folgende, hier auf ihre wesentlichen Mitteilungen geraffte, Kurzgeschichte von Gerald Kersh spiegelt ebenfalls das Fremde, Überraschende und kaum Sagbare einer solchen *umgekehrten Logik* wider. Diese Logik unterbricht die Erwartungen des Lesers bzw. der Leserin, und enttäuscht sie. Sie schafft einen „Riss" in seiner Vorstellungswelt, insbesondere in seinem moralischen Urteil. Damit zur Erzählung selbst, die der Novellenschreiber mit „Destiny and the Bullet" überschreibt, was übersetzbar ist mit: „Schicksal und die Gewehrkugel".

Zu Kriegsbeginn sitzen vier Männer in einer Ecke zusammen. Einer von ihnen ist der Erzähler selbst, ein anderer ist ein „schmalgesichtiger Mann“, der besorgt fragt: „Wo wird all das enden?“ Diese Frage provoziert den dritten, etwa 60-jährigen Mann, der „sonnengebräunt“ ist und den Eindruck von „Zähigkeit“ auf den Erzähler macht. Bei diesem dritten Mann handelt es sich um einen ehemaligen Feldwebel. Der hält die hilflose Frage, wohin das alles führe, für unsinnig. Wer so fragt, meint er, will Unmögliches bereits im Vorhinein wissen. Ein solcher Versuch zu wissen, sei ähnlich wertlos wie die vermeintliche Antwort, die der Frager bekommen könnte. Warum?

Der Feldwebel ist weder Philosoph noch Rechtsanwalt. Statt zu argumentieren, beginnt er, den drei Zuhörern (s)eine Geschichte zu erzählen. Sie führt zurück nach China und in die Jugend des Feldwebels. Als Wachsoldat geht er seine Runde um einen militärischen Sperrbezirk mit Altmetall und Schrott, das von den Ortsbewohnern immer wieder gestohlen wird. Obwohl er, wie er beteuert, die Chinesen als „anständige Charaktere“ mochte, geschieht ihm Folgendes: Im Mondlicht nimmt er einen menschlichen Schatten wahr, der sich bewegt. Zweimal ruft er den Schatten an, er solle sich zeigen. Als der wegläuft, schießt er dem Mann ungewollt von hinten statt in die Beine in den Rücken. Der ist auf der Stelle tot: ein armer „Arbeits-Chinese“ mittleren Alters.

Jahre später, nach seinem Militärdienst, heiratet der Feldwebel und wird Aufseher einer Plantage in Singapur. Seine eher zarte Frau liebt er von Herzen und besorgt ihr ein loyales chinesisches Dienstmädchen. Endlich wird seine Frau schwanger, was die Eheleute so sehr ersehnten. Kurz vor der Niederkunft muss er aus unaufschiebbaren Gründen leider verreisen. Er kann nicht anders als seine schwangere Frau allein dem Dienstmädchen zu überlassen. Die schwierige Geburt geschieht ohne sein Beisein. Der Säugling, ein „Junge, zu schwach, um zu schlucken“, wird von der Chinesin mit großer Hingabe am Leben erhalten, gewinnt an Lebenskraft und übersteht die Krise. Ebenso die Frau des Feldwebels, allerdings einzig und allein durch die opfervolle Fürsorge des Dienstmädchens.

Wieder zu Hause bleibt dem Feldwebel all das nicht verborgen. Dankbar und erstmalig seit Jahren beginnt er mit dem Mädchen menschlich-teilnehmend „mehr als zehn Worte“ zu sprechen. Überraschend erschließt sich ihm, wer sie ist. Er sagt es ihr aber nicht: Sie ist die Tochter des Arbeiters, den er wegen ein „paar Heller“ Schrott erschossen hatte. Die vaterlose Familie des toten Chinesen wurde schnell zerstreut. Ein sehr schweres Leben als Magd begann für das Mädchen, bis der Feldwebel sie in den Dienst seiner Frau brachte, von der sie freundlich behandelt wurde. Dankbar dafür und liebevoll sorgte sie für Mutter und Säugling, als ob es selbstverständlich wäre. Der nunmehr erwachsene Sohn, so beschließt der Feldwebel seine Geschichte, sei stark geworden und Arzt, eine Freude für seine gealterten Eltern.

Eine Geschichte mit „Happy End“? So könnte man jedenfalls beim oberflächlichen Hinhören zunächst meinen: Dass der Feldwebel damals als unerfahrener Soldat ungewollt den bettelarmen Arbeitschinesen erschoss, freilich, das war ein bedauerlicher Unfall/Zufall. Aber wenigstens, so könnte man weiter argumentieren, fand eine Tochter des Getöteten einen Weg zum erträglichen Leben, wurde sie doch als Hausmädchen vom Feldwebel und seiner Frau über viele Jahre anständig behandelt. Dass sie sich bei der schwierigen Geburt des Kindes und nachher so hilfreich zeigte, das sei ihr zu danken. Was der Feldwebel auch nachdrücklich tut. So endet doch alles für alle Beteiligten glücklich? – Derart ließe sich die Kurzgeschichte abschließend interpretieren. Einer solchen Auslegung zu widersprechen, ist schon deshalb schwierig, weil sie die zeitliche Handlungsfolge und Logik des Geschehens korrekt aufgreift. Vielleicht könnte man diese korrekte Logik auf den recht einfachen Nenner bringen: Was sich aus Zufällen so alles (zum Guten) ergeben kann!

Dennoch hinterlässt eine solche vernünftige Kurzbewertung der Erzählung eine gefühlte *Lücke*, gleichsam ein nicht wegzuleugnendes Fragezeichen, das, wie die „Büchse der Pandora“, weiteren Erklärungsbedarf über den ausschüttet, der genauer hinhört: Die Erzählung wird mit der Leitfrage des „schmalgesichtigen“, ängstlichen Mannes am Vierertisch eröffnet: „Wo wird das alles hinführen?“ Damit spricht er den Krieg an, der soeben begonnen hatte. Weil es dazu unmöglich eine belastbare Antwort geben kann, sondern nur Spekulationen, fühlt sich der Feldwebel provoziert, seine Geschichte zu erzählen. Sie spricht zunächst von dem tragischen „Zufall“ der Tötung und dass der junge Soldat darunter unvergesslich litt. Aber auch mit ihm geht das Leben weiter und belohnt ihn, den fleißigen Mann. Die „Büchse der Pandora“ schüttet ihm Gutes aus: die geliebte Ehefrau, den einträglichen Beruf, das fleißige Hausmädchen, sogar die ersehnte Geburt seines Sohnes. Eines nach dem anderen wird ihm in guter Abfolge zuteil. Zudem war er fleißig und menschlich. Hatte er sich nicht all das Gute sehr wohl auch erarbeitet und umsichtig erworben? Ja, sein Eigenanteil ist nicht zu unterschätzen. Er tat, was er konnte, dass die Göttin Pandora ihm gewogen blieb.

Endlich aber tauchen in seiner sachlichen Erzählung eine *Grenze* auf und ein *„Riss“*. Hier wendet sich das Drama seines Lebens von aktiv in passiv. Bisher führte er das Zepter seiner Entscheidungen und Handlungen. Ab der schweren Geburt und der nachträglichen Todesnähe seines kaum überlebensfähigen, einzigen Sohnes erlebte er sich *ohnmächtig*, den Tod des geliebten Kindes zu verhindern. Die von ihm bis dahin kaum beachtete Randfigur, nämlich die chinesische Magd, rückt plötzlich ins Zentrum des Dramas.

„Drama“ meint ursprünglich im Griechischen „Handlung“ auf dem mythischen Hintergrund von Schicksal und (Halb-)Göttern, stets umfangen von nur vermeintlicher Gewissheit über untergründiger Tragik. Hier nun „reißt“ etwas auf im Fluss des Geschehens, ereignet sich plötzlich, bewirkt einen Wechsel und eine Um-Kehrung der Verhältnisse. Diese Dynamik strukturiert auch Gerald Kershs Novelle: Auf die Magd kommt es jetzt an. Von ihr hängt das Leben des Neugeborenen ab, von ihrer Hingabe, Güte und opfervollen Liebe. Wenn die letzte Gabe in der „Büchse der Pandora“ – wie der Mythos erzählt – die Hoffnung ist, dann ist die Magd zur Hoffnungsträgerin für das Überleben des Kindes geworden. Sie rettet das Kind. In der großen Krise wendet sich mit ihrer Hilfe das „Schicksal“ des Kindes zum

Leben. Gleichzeitig erzählt sie dem Feldwebel von der weit zurückliegenden Tötung ihres Vaters durch einen ihr unbekannten Wachsoldaten. Den Feldwebel berührt diese Aufdeckung tief – und den Leser, die Leserin wohl auch.

Ausgerechnet von dort her, aus seiner Tötung des Vaters, kommt ihm das „Glück" zu, dass dessen verwaiste Tochter ihm dient und in der Krise das „Schicksal" seines Sohnes zum Leben wendet. In zynischer Logik gefolgert, könnte man sagen: Hätte er den Vater nicht erschossen, würde die Tochter nicht seinen Sohn retten. Statt Strafe Belohnung, statt Rache Rettung, statt Vergebung Unwissenheit, wer denn wer ist. Der Feldwebel behält sein Geheimnis für sich. Das aber wirkt, fragt und spricht schließlich aus ihm: In der Krise, an der Grenze zwischen Leben und Tod, deckt sich ihm die „glückliche" Tragik seines Lebens auf. Von diesem paradoxen Ende der Novelle her gesehen, kehrt sich (ihm) alles um, bis hin zu den moralischen Maßstäben von Tat-Schuld und Strafe, die ihn gerade *nicht* ereilt. „Wo wird das alles enden?" – So lautet doch die „Stammtisch"-Frage, auf die er mit seiner wahren Erzählung antwortet.

Alles, was geschieht, endet einmal, um im Ende seine untergründige Fortsetzung zu finden. Diese ist der Kontrolle, der moralischen Bewertung, geschweige denn dem Wissen und sofortigen Erkennen des Menschen entzogen. Man könnte diese verborgene, sich dem Bewusstsein entziehende Fort-Setzung „schicksalhaft" nennen, nicht aber „zufällig". Irgendwann, zu seiner Zeit, kommt es zum krisenhaften Moment der Auf-Deckung, des „Risses" in der vermeintlich allwirksamen Logik der Ent-Wicklung(en). *Vom Ende her* werden die vorausgegangenen Vorgänge anders deutbar. Eine Art „Meta-noia" (Um-denken) geschieht dem Protagonisten der Novelle, aber vielleicht nicht nur dem Feldwebel, sondern auch seinen Zuhörern. Seine wahre Geschichte führt „hinter" (meta) die übliche „gut-böse"-Moral, hinter die Ersteinschätzung des Geschehen(d)en. In Deutung und Bewertung kehrt sich mit der Zeitenfolge auch die vorgefasste Logik und Moral des Dramas um: Erwartungen werden enttäuscht, weil sie überraschend eingetauscht werden gegen Anderes und Neues, das die „Novelle" schließlich eröffnet.

An deren Ende zieht der Erzähler, d. h. hier der „Feldwebel", sein Fazit: „Das Einzige, was du tun kannst, Kamerad, ist das, was du für richtig hältst und auf das Beste zu hoffen."

Genau das tut auch Johannes der Täufer. Er tut, was er aus eigener Identität für richtig hält, nämlich am Ostufer des Jordan zu taufen. Wer er ist und warum er so handelt, bleibt den anderen, denen, die aus Jerusalem kamen, um nachzufragen, unverständlich. Das hindert Johannes nicht daran, weiter zu taufen und auf das „Beste" zu hoffen. Dazu gehört eine große moralische und geistige Kraft, sich so hingebungsvoll im „Offenen der Freiheit" (Paul Schütz) zu halten. Nur dadurch kann Hoffnung sich erfüllen, ohne als Fantasie, „Lebenstraum" und Wunschdenken zu scheitern. Nur dann kann das, was der Feldwebel „Schicksal" nennt, die Hoffnung überraschend beantworten.

Dass die Antwort aus dem „Jenseits" der Erwartungen *nicht* logisch von selbst ableitbar ist, gehört zu ihrer überraschenden Wahrheit und zur Wahrheit mancher Überraschung. Anders als Tagtraum und Wunschfantasie rührt Hoffnung ahnungsvoll an Wahrheit, deren Ankunft – wie auch immer – überraschend (einem) geschieht: So überraschend wie für den Feldwebel die wahren Mitteilungen seiner chinesischen Magd. So überraschend wie das Auf-Kommen Jesu auf den Täufer zu:

> „Am folgenden Tag sieht er Jesus, kommend auf ihn zu und er sagt: Siehe das Lamm Gottes, nehmend die Verfehlung (Hamartia) der Welt." (Joh 1,29)

Sinn-Wendungen:
Zur (Vor-)Geschichte der Begegnung Johannes – Jesus

Möglich, dass Johannes seinen Verwandten Jesus schon seit Langem kannte. Die Bibel sagt nichts Konkretes zum Vorleben der beiden noch jungen Männer. Außer dass das Kind Johannes „wuchs und erstarkte im Geist" (Lk 1,80a); dass er „in den einsamen Gegenden war, bis zum Tag seines Herauftretens vor Israel" (Lk 1,80). Ähnlich fasst der Evangelist Lukas nach seiner ausführlichen Darstellung der Beschneidung und Bar-Mizwa des zwölfjährigen Jesus (Lk 2,21–51) dessen weitere Entwicklung zusammen in dem *einen* Vers:

> „Aber das Kind wuchs und erstarkte, erfüllt werdend mit Weisheit, und Gottes Gnade war über ihm." (Lk 2,40)

Wie im Zeitraffer zentrieren die neutestamentlichen Texte die Jugend und das junge Erwachsenenleben von Jesus *und* Johannes auf jeweils *eine* Vers-Wendung. Über Einzelheiten *schweigt* die Bibel. Das gilt es zu akzeptieren, um ihr Sprechen zu verstehen und ihre Aussagen zu würdigen: Sprache *ohne* Schweigen gibt es nicht. Auf dem Hintergrund des Schweigens erst kann sich Sprechen artikulieren. Selbst im Sprechakt bedarf es der Abstände *zwischen* den Wortbuchstaben, der Atem-Pausen zwischen den Worten, des Aussetzens und Neuansetzens zwischen den Sätzen. So entstehen *Sinn-Wendungen.* Nur Unsinn und Wahnsinn sind pausenlos wie die Dauerschleifen der Reklame, wie der unaufhaltsame Grübelzwang des Zwangsneurotikers. Schweigen *und* Sprache bilden Kontraste und ermöglichen Sinn. Aus Einsamkeit und Schweigen „kommt" Johannes „hervor" als „Rufender in der Wüste", als Stimme aus und über dem Schweigen. Die (Vor-)Geschichten von Johannes und Jesus, bis hin zur geistgeführten Begegnung am Jordan, wären unwirklich ohne die tiefen *Intervalle* zwischen Schweigen und Sprache, zwischen Fort-sein und Wiederkehr an ihre öffentlichen Sprach- und Handlungsorte diesseits von Stille und Schweigen.

Johannes und Jesus, woher kommen sie wie aufeinander zu? Genauere Weg-, Zeit- und Reiseangaben gibt es keine. Wir verfügen also über keine auch nur einigermaßen kontinuierliche Biografie der „Zwei", die die Sprach-Wurzel „Je (Jo)" des unsagbaren Gottesnamens JHWH in ihren Namen, d. h. *in sich* tragen. In johanneischer Darstellung treffen sie erstmals am anderen Ufer des (Grenz-)Flusses Jordan aufeinander, also dort, wo die Wüste beginnt und seit Lots (Gen 19,30–38) und Moses Zeiten die Moabiter und Ammoniter, die „Söhne Lots" (Dtn 2,9.19) wohnen. Der Ort ist symbolträchtig, vereinigt er doch in sich gleichsam als Schnittpunkt West (Judäa) und Ost (Moab), Vergangenes und Zukünftiges, fließendes Wasser und staubtrockene Erde, Einsamkeit und die kurzzeitigen Menschenansammlungen derer, die aus Judäa und Jerusalem kommen, um sich von Johannes belehren und taufen zu lassen. Auch „zwei seiner [= des Johannes] Jünger" (Joh 1,37) werden erwähnt, die im weiteren Verlauf der Erzählung keineswegs profillos bleiben werden (vgl. Joh 1,38 f.).

So aussagekräftig wie der Ort der Begegnung ist die Begegnung selbst, sodass sie von allen vier Evangelisten als signifikant und kontrastreich aufgezeichnet wird. Über die Kontraste formen sich erst Signifikanz und Bedeutung des Treffens, also deren unverwechselbare Zeichenhaftigkeit für den jenseitigen Sinn der Zusammenkunft, die alles andere als „zufällig" ist. Was ist sie dann? Sie ist vom „Geist" geführt, überraschend und bedeutungsvoll, nämlich voller sich hier verbindender Gegensätze, deren Koinzidenz in zwei Wortpaaren kulminiert: *„Gottes Sohn" – „Lamm Gottes"*

Beide Wortkombinationen bezeichnen ein Verheißenes und Neues, das nicht abstrakte Theologie bleibt, sondern sich erlebbar personifiziert in Jesus. In ihm inkarniert sich, d. h. in ihm verleiblicht sich der „Sohn" und das „Lamm" des einen und einzigen Gottes, mit dem Israel seine Erwählung und die „Welt" ihren Ursprung verbindet.

2 Johannes, der schwer vergleichliche Prophet

Augen-Blick, der verwandelt: „Siehe, das Lamm Gottes!" (Joh 1,29)

Die Griechen antiker (Glaubens-)Kultur nannten solch einen Moment „Kairos", in dem sich plötzlich Lebens- und Seinstiefe, Jenseitiges im Diesseitigen, Unbewusstes im Erkennen auftut. Ein „Riss" in der Zeit und ihrer Logik ist der Kairos, aber auch vergänglich und niemals wiederholbar. Dennoch hinterlässt der Kairos, so erzählen die Mythologien, seine Spuren. Ja, er vergeht, aber er geht nicht spurlos vorüber, auch wenn menschliches Begehren und Erkennen ihn nicht zu fassen vermögen. Unfassbar ist der Kairos. Ansonsten wäre er eben nicht Kairos, würde er sich nicht der raumzeitlichen und menschlichen Fassungskraft fortwährend entziehen. Der „Kairos" der Griechen zeigt sich, stellt sich ein im Vorübergehen; schwindet und entzieht sich; kehrt niemals wieder und bleibt nie spurlos. Dazu ein Beispiel.

Der römische Dichter Ovid erzählt in seiner Mythopoetik, den „Wandlungen" (Metamorphosen), vom *Kairos* als göttlichem *Geschenk,* das den Eheleuten Philemon und Baucis zuteilwurde. Bis heute soll es angeblich nachwirken: Die „Alten" lebten bescheiden, aber gastfreundlich. Die unerkannt in Menschengestalt reisenden Götter Jupiter und Merkur wurden von ihnen sorgsam beherbergt und bewirtet. Zum Dank und beim Abschied geben sie sich dem Paar zu erkennen und geben ihnen einen Wunsch frei. Philemon und Baucis erbitten sich spontan, dass sie einmal gemeinsam sterben dürfen, um über den Tod hinaus vereint zu bleiben.

Die Götter gewähren ihnen diesen Wunsch. Sogleich entschwinden sie. Der Kairos verblasst, aber nicht ohne Effekt. Als die beiden „Alten" später tatsächlich gemeinsam sterben, verwandeln sich ihre Gestalten in zwei Pappeln, die beieinander stehen, also nunmehr verwandelt einander erneut „beistehen". Wenn der Wind ihre Blätter zum Rauschen bringt, dann sprechen sie, Philemon und Baucis, miteinander. In Ovids Mythologie der „Wandlungen" bleibt der Kairos gelingender Begegnung nicht spurlos – bis heute. Griechische und römische Poeten wie Ovid und Vergil sprechen dem Kairos eine göttliche Wirkmacht zu und eine *offenbarende* Kraft, die staunen lässt.

Die biblischen Texte zu hören und zu lesen, das ist, dem Kairos der *Gottesoffenbarung* auf die Spur kommen. Diese Spuren sprechen und vergegenwärtigen Geschichtliches, Wirkliches und Wahres vor dem Hintergrund des großen kosmischen Schweigens und vor dem Lärm der „Zeit", der Stille, Sprache und Kairos übertönen, verzerren und verdecken möchte, wie der Wüstenstaub die Heiligtümer der Antike.

Die Begegnung Johannes – Jesus am Rand der Wüste ist solch ein Kairos. Wer sich aufmerksam und vorurteilslos auf die betreffenden Verse der Evangelien einlässt, dem geschieht *Wandlung*. Wie? Zeitgefühl, Logik und (Be-)Deutung ändern sich, und zwar *doppelseitig*: im Text„verlauf" sowie in der Wahrnehmung und im Verstehen des aufmerksamen Lesers bzw. der Leserin der oder die gar nicht anders kann als „buchstäblich" zum präzisen Hörer bzw. zur Hörerin zu werden. Der „garstig breite Graben" (Gotthold Ephraim Lessing) zwischen Text und Leser(in), dieser Abgrund zwischen eigenem Lebensgefühl und dinghaft-papierenen Buchseiten, schwindet. Im lebendigen Dialog übrigens und in Momenten der Liebe zwischen Menschen kann diese Grenze „Augenblicke" lang aufgehoben werden in *miterlebende Gegenwart* hinein, die niemals spurlos verschwindet. Immer bleibt unverfügbar ein „Heiliger Rest", der weiter begleitet.

Im johanneischen Text beispielsweise trägt sich die erste große *(Ver-)Wandlungsszene* zu, wenn Jesus sich auf Johannes „am folgenden Tag" (Joh 1,29) zubewegt, so als ob er am Horizont auftauchen würde. Johannes „sieht“ Jesus auf sich zukommen (Joh 1,29a). Er wird seiner ansichtig. In diesem Augen-Blick, so darf vermutet werden, geschieht Johannes ein Erkennen, das ihm zum Ausruf wird, der alles bisher am Jordan Getane und Gesagte hinwendet und einkehren lässt in einen einzigen Satz:

> „Siehe, das ist Gottes Lamm, annehmend die Verfehlung der Welt“! (Joh 1,29b)

Dramatisiert man diesen Moment rätselhaft wahren Sprechens, so lässt sich nachfragen: Wusste Johannes, was er da sagte? – Nein, sicher nicht! „Wissen“ kann man immer erst im Nachhinein. Das ist ja das Dauerproblem der Wissenschaften, dass sie mit ihrem Wissen stets eine entscheidende Wendung zu spät kommen müssen, um Wissenschaft zu bleiben und als solche zu sprechen.

Johannes aber unterliegt nicht dem Bann nachprüfender Wissenschaftlichkeit. Das ist eher das erfolglose Geschäft der „Priester und Leviten“ aus Jerusalem, die bereits vor Jesus zu Johannes hinausgekommen waren. Johannes unterliegt der bannenden und zugleich erschließenden Kraft des Augenblicks, der ihm zum Kairos wird. Jede Erkenntnis, die es verdient, so genannt zu werden, *stößt* dem Menschen *zu*. Sie taucht in ihm von selbst auf, nimmt Form, Sagbarkeit und Eigenlogik an. Erst im Nachhinein kann sie mit dem bisher bereits Gesagten und Gewussten verglichen und verbunden werden. Hier am Jordan, zwischen Jesus und Johannes, geschieht eine wesentliche, spontane Verbindung zwischen: erkennen und sagen. Johannes weiß (noch) nicht, was er – gleichsam als Bekenntnis – hier und jetzt ausruft. Er spricht bzw. ruft, was ihm als Erkennen plötzlich zukommt, während Jesus auf ihn zugeht. Er, der „Rufende“, ruft sein Erkennen aus, als ob es ein Sehen wäre, beginnend mit dem Hinweis „Siehe!“

Anzunehmen, dass Johannes seinen gleichaltrigen Verwandten Jesus (persönlich) kannte. Im entscheidenden Augenblick am Jordan, wenn Jesus in die Wahrnehmung des Täufers eintritt, ereignet sich allerdings ein radikaler Sinn- und Bedeutungswandel. Die Kairoi im Evangelium sind Momente der

Gnade Gottes. Sie lässt Johannes den ihm bekannten Jesus als den großen Anderen, den verheißenen „Sohn Gottes" erkennen. Und dies in *zwei* Gnadenmomenten, die einander in ihren Aussagen (Joh 1,29.32–34) verstärken: Jesus wird so zum wahrhaft bezeugten „Lamm Gottes" *und* „Sohn Gottes".

Die Kairoi als Gnadenmomente sind geistgewirkt und verdanken sich *nicht* allein und ursächlich der menschlichen Befähigung zur Kreation von Bedeutungen und deren (idealisierender) „Überhöhung". So ist es Johannes, der seine Zeugnisse ausspricht, weil er das Wahre seines Erkennens anerkennt und präzise zu sagen vermag. Psychologisch „gesehen" gehören dazu Identität und Mut, den manche Philosophen vielleicht „Selbsttranszendenz" nennen. Im Moment seiner Bekenntnis-Rufe „übersteigt" Johannes den ihm selbst bekannten, vertrauten Johannes. Er erlaubt und erlebt Verwandlung zur Erkenntnis des „Lammes Gottes" (Joh 1,29). Diese von Johannes bereits beim Anblick Jesu (in Vers 29 erfasste und) erstmals ausgerufene Wahrheit wird vom Täufer selbst in den anschließenden Versen in vernünftige Verbindung gebracht zu seinem vorherigen Rätselspruch an die „Priester und Leviten":

> „Nach mir kommt ein Mann, der vor mir gewesen ist, denn eher als ich er war." (Joh 1,30)

So auferbaut sich in den Kairoi eine Eigen-Logik, verbunden mit der eigenwilligen Sprache des Täufers, in der sich das Zeugnis über Jesus *verdoppelt:* Damit gemäß dem mosaischen Gesetz eine Zeugnisgabe als wahr gilt, muss sie von zwei unabhängigen Zeugen bestätigt werden. Auch das johanneische Zeugnis von Jesus als „Gottes Sohn" und „Gottes Lamm" ist gewissermaßen zweifach: Einerseits (Joh 1,29) spricht es Johannes aus im Hinblick auf Jesus, der „am folgenden Tag" auf ihn zukommt. Andererseits zeugt Johannes wenige Verse weiter davon, dass der *Geist selbst* die Sohnesidentität Jesu zeichenhaft (vgl. Joh 1,30–34) bezeugt habe. Der Täufer wird somit zum persönlichen Zeugnisgeber für das geistgewirkte Zeichen der Gottessohnschaft Jesu, den Johannes seit seiner Kindheit als Nazarener, d. h. als Josefs und Marias Sohn kennt, nunmehr aber *neu* als Messias erkennt und *anerkennt.*

Johannes' Auftrag am Jordan: Zeugnisgabe für den „Sohn Gottes"

Johannes der Täufer ist die einmalig große, prophetische Symbolfigur an der Schwelle zum öffentlichen Wirken Jesu. Man könnte sagen, dass Johannes an Jesus glaubte: an seine messianische Sendung, seine Feuer- und Geisttaufe, die von allen vier Evangelisten – gleichsam in Vorausschau des Heilswirkens Jesu – in Sprache gebracht wird:

> „Ich zwar taufe euch in Wasser zur Metanoia, aber der nach mir Kommende ist stärker als ich, dem ich nicht genug bin, die Sandalen zu berühren. Er wird euch taufen mit dem Heiligen Geist und Feuer." (Mt 3,11; vgl. Mk 1,7 f.; Lk 3,15–18; Joh 1,26)

Darum dreht sich wiederholt und unaufgebbar die Zeugnisgabe des Johannes, um die „andere" Taufe. Gewiss ist er sich, dass er selbst sie unmöglich vollziehen kann. Nur der Andere, der „Sohn Gottes", der das „Lamm Gottes" ist, nur der vermag das. Deshalb erhofft er ihn und erwartet ihn am fließenden Wasser des Jordan. Das strömt übrigens mit starkem Gefälle aus dem Hermon-Gebirge im Norden, hinein in den See Gennesaret, begrenzt im Osten Galiläa und fließt weiter, an Johannes vorbei. Immerhin ist der Jordan, der „Herabsteigende", dann tief und sein Wasser warm genug, um an seinem Ostufer Menschen „in" (Mt 3,11) seinem Fluss einzutauchen, d. h. zu taufen. In fließendem (Jordan-) Wasser die zu taufen, die zur Um-Kehr entschieden sind, das praktiziert der „Rufer" und Täufer als seine Berufung, d. h. als seinen schicksalsgemäßen Auftrag.

Das deutsche Wort „Schicksal" ist komponiert aus „schicken, senden" und „sal", was althochdeutsch „Fülle" meint, also etwas anderes als das englische „Destiny" im Sinne von „Bestimmung". So gelesen ist das „Schicksal" des Johannes die Fortführung seiner Sendung, dass er predigend, bekennend und taufend Jesus als den erhofften Messias erwartet. Dass er ihn mehrfach bezeugt als den, der mit „Heiligem Geist und Feuer" (Mt 3,11; Lk 3,16) taufen wird. Darin sieht Johannes, wie alle Evangelisten bestätigen, die einmalige Bestimmung Jesu. Mehr noch: Daraus schöpft Johannes als „Täufer" seine Identität, d. h. die Gewissheit seiner persönlichen Einmaligkeit und Unersetzbarkeit. So unersetzbar wie der Vater für die Zeugung des Sohnes, ist Johannes mit seiner Zeugnisgabe für Jesus *als* Christus.

Ein Paradox von Selbstbestimmung eröffnet sich hier im Selbstverständnis des Johannes: Er definiert sich proaktiv aus seinem *Mangel* als der, der bestimmt ist, für einen anderen (exklusiv) als Wegbereiter zu wirken. Genauer gesagt: Er hat nicht für Jesus da zu sein, wird ihm nicht nachfolgen, noch anderweitig mit Jesus in Koexistenz oder Mitwirkung auftreten (vgl. Mt 14,3–12; Mk 6,17–29; Lk 3,19 f.). Johannes' schicksalsgemäße Aufgabe ist die Zeugnisgabe für den „Christus" als „Lamm Gottes". Viel Zeit bleibt ihm dazu nicht: Herodias' Tochter als femme fatale wird sich Johannes' Kopf ertanzen, weil er die inzestuöse (Zweit-)Ehe des Herodes mit seiner Nichte und Schwägerin Herodias öffentlich missbilligt hatte. Wahrheit kann tödlich enden. Das baldige gewaltsame Ende des Johannes spitzt das Unersetzliche seiner Zeugnisgabe noch einmal retrospektiv zu. Er, der *nicht* mit „heiligem Geist und Feuer" taufen kann, weil er dazu weder die „Stärke" (vgl. Mt 3,11) noch die Vollmacht hat, ist dennoch *unersetzbar* in seiner Wassertaufe als ritualisierter Zeugnisgabe von Jesus als „Gottes Sohn".

Schon im Alten Testament gehört zur – von Gott dazu bestimmten und beauftragten – Persönlichkeit des Propheten ein geradezu absoluter, zielgenauer Gehorsam, seinen Auftrag zur rechten Zeit am rechten Ort in Spruch-Handlung zu erfüllen. Er muss das „Wort Gottes" (den „Spruch Jahwes") unüberhörbar heraussagen, koste es, was es wolle. Freilich traten in Israels Gottesgeschichte viele Lügenpropheten auf, wie einst die „400" falschen Propheten zu Jerusalem (2 Chr 18), die dem König Ahab anders weissagten als Micha, der *eine* wahre Prophet. Aber sie alle verschwanden wieder unrühmlich im Lauf jüdischer Geschichte und ihrer Chroniken. Unter den großen und kleinen Propheten findet sich sogar *Jonah* (hebr.: Taube) als höchst seltsame Ausnahme. Er verweigert sich seinem Prophetenauftrag, flieht nach Westen per Schiff, wird von einem großen Fisch verschluckt, wieder an Land gespuckt und muss seinen Prophetenspruch in Ninive (= „Stadt des Fisches“) schließlich doch widerwillig aufsagen. Kein Prophet kann sich seiner Bestimmung entziehen.

Am Jordan, im Übergang vom Alten zum Neuen, ist der *Prophetenauftrag*, den Johannes zu vollführen hat, allerdings absolut weitreichender: Nicht nur, dass er wahrhaftig sprechen und (tauf-)handeln soll. Nicht nur, dass er das „Wort Gottes“ sagen muss. Ihm als *einzigem* unter allen Propheten kommt es zu, Jesus als das verleiblichte, personifizierte „Wort Gottes“ zu erkennen und zu bekennen. Im Johannes-Prolog, dessen kosmische und heilsgeschichtliche Vision ohne Gleichen ist, heißt es dazu:

> „Und das Wort wurde Fleisch und wohnte unter uns und wir sahen seine Herrlichkeit, eine Herrlichkeit als des Eingeborenen vom Vater, voll Gnade und Wahrheit. Johannes zeugt von ihm [...].“ (Joh 1,14–15a)

Der „Sohn Gottes“, den Johannes bezeugt, ist das inkarnierte, d. h. Fleisch und Mensch gewordene „Wort Gottes“. Das ist die Identität Jesu als *Christus*. Sie „unter uns“, in einem bestimmten Geschichtsmoment anzuerkennen und zu bezeugen, darin trägt sich mit seiner Bestimmung ebenfalls die Identität des „Rufers“ Johannes zu. Indem Johannes Jesus öffentlich anerkennt, anerkennt er in seiner Zeugnisgabe sich selbst; erfüllt er seinen Prophetenauftrag, den nur er, der „Sohn des Zacharias“ (Lk 1,39–68) erfüllen kann.

„Rufer“ an der Grenze zum Absoluten: Vergegenwärtigung des Heils in Jesus

Mit dem Sohn des Tempelpriesters Zacharias, mit Johannes als jungem Mann, Propheten und Symbolfigur für das „Rufen“ des „Euangelion“, wird der Hörer an eine *absolute* Grenze von Logos und Aufbruch geführt. Während der Jordan hin und her überquerbar ist, fließend und sichtbar für den Beschauer, ist diese andere Grenze keineswegs visualisierbar. Im Lesen und Hören kann man sie wahrnehmen, aber weder sehen noch passieren. Johannes als Hauptakteur an dieser unsichtbaren Grenze ermöglicht ein szenisches Verstehen für einen initialen Akt im neutestamentlichen Drama, das man gläubig von seinem Ende her, nämlich der Auferweckung Jesu von den Toten, als „Heilsdrama“ identifizieren darf.

Johannes ist zunächst Hauptakteur, Verkünder, Wider-Sprecher, Täufer und Zeugnisgeber für den später hinzukommenden Jesus, für das „Lamm Gottes“. Aber – und das ist entscheidend – er ist weder Regisseur noch Verursacher dessen, was sich durch ihn am Jordan zuträgt. Das alles geschieht *vermittels* Johannes, so wie ein Tanz, mehr oder minder in freier Improvisation, durch den Tänzer, die Tänzerin geschieht; so wie ein Gesang ertönt durch den Sänger, die Sängerin und ein Gebet durch den Beter, die Beterin. Eine Vielzahl biblischer Lieder, Sängerinnen und Sänger verdichten erlebte Gotteshilfe in ihren Liedern. Man denke nur an Mose und Mirjam, an Davids Psalmen, an Simeons und Hannas Dankeshymne im Tempel über die Geburt des Messias, bei dessen irdischer Ankunft der Kosmos in Schwingung gerät. Wie das „Rufen“ des Johannes und wie weit es ertönte, welche Schwingungen es über trockenem Erdboden erzeugte, wen es wie lange wann erreichte, all das ist zumindest ein Nachsinnen wert.

Welche Art von Rufen rief Johannes, sodass es – folgt man den Textversen – zunächst die „Priester und Leviten“ bis von Jerusalem her pro-vozierte; sodass es zahllose Menschen hinzurief zur Metanoia am Jordan; sodass es schließlich *den* hervorrief, den Johannes als „Jesus" kannte und neu als „Sohn Gottes" erkannte? Während das Rufen des Johannes als stimmlicher Akt Geheimnis bleibt, übermitteln uns die Evangelien dessen Sprachbotschaft. Ein Sprechen in einfachen Worten, klar und doch unauflösbar paradox, also scheinbar widersprüchlich für die menschliche Verstandeslogik, aber unweigerlich anziehend für den geschöpflichen Menschen, für dessen Geistseele, die hebräisch „neschamah" heißt, in Unterscheidung zu „ruach" (Atem, Wind) und zu „nefesch", der animalischen Vitalität.

Sprache ist eben nicht nur „Information", und Johannes ist gewiss kein „Informant", sondern – wie er selbst sagt – (die) „Stimme eines Rufenden" (Joh 1,23) im Outback. Er *ist* die „Stimme", die er nicht schweigen lässt, sondern die er her(aus) gibt als ein Rufen, das Schwingung und zeitlose Wirkung entfaltet. Johannes ist also der, der mit seiner Stimme auch Sprache zulässt, die er nicht „macht", sondern rufen lässt. In diesem Zulassen unterscheidet sich das Rufen vom Schweigen. In ihm liegt die Entscheidungskraft des Johannes und sein Wille, der zugleich frei *und* gebunden ist: Sofort nämlich, indem sein Wollen das Rufen zulässt, wird es Zeugnis und Botschaft, die auf den anbrechenden Äon der messianischen Zeit hinweist.

Das Rufen, dessen Stimme Johannes ist, rührt von weit her. Das macht das Verbindliche und Faszinierende der Stimme und ihres Rufens: In ihr ertönen die Verheißungen prophetischer Autorität und visionäre Wahrheit aus frühjüdischer Zeit der Offenbarung. Im „Mann Johannes, von Gott gesandt" (Joh 1,6), kehren sie wieder, nicht in talentloser Wiederholung, sondern verschoben in neuer Sinngestaltung. Dazu lautet der Text im Johannesevangelium *wörtlich*:

> „Ich (bin) Stimme (eines) Rufenden in der Wüste. Gerade richtet den Weg des Herrn, wie gesagt hat Jesaja, der Prophet." (Joh 1,23)

Dem fügt Lukas schließlich und hauptsächlich hinzu: „Und alles Fleisch soll sehen das Heil Gottes" (Lk 3,6; vgl. Jes 40,3–5). Darum also geht es letztlich im Rufen des Täufers, um das „Heil" (griech.: soteria). Das Besondere an solchem „Heil" ist dessen Allgemeinheit. Nicht mehr nur den einen oder anderen der Juden, Perser oder Griechen soll es zukommen, sondern „allem Fleisch". Nirgends in der Heiligen Schrift wird das *Heil* so offen, direkt und vorbehaltlos *allen* angesagt, wie hier und jetzt im Rufen dessen, der „Gottes Gnade" in seinem Geburtsnamen „Jo-hannes" trägt. „Heil" von Gott für alle, dazu ruft Johannes auf, noch *bevor* Jesus sein irdisches Heilswirken beginnt. Damit offenbart Johannes der Täufer nicht nur in lukanischer Sicht, was das Wesentliche, Umfassende und Fortwirkende des Lebens und Wirkens Jesu ist.

Das sprachlich präzise Evangelium des „Rufenden in der Wüste" entgrenzt die alttestamentliche Prophetenstimme des Jesaja, indem sie diese unter neuem Sinnvorzeichen vergegenwärtigt. Jesaja, Sohn des Amos, war einer der großen Propheten in Judäa und Vater zweier Söhne (Jes 20,2–3). Sein Name ist – wie alle biblischen Namen – von symbolischer Aussagekraft. Jesaja heißt: „Gott ist Heil". Dieser Name ist ein Bekenntnis. 40-mal wird im Neuen Testament direkt oder indirekt Bezug genommen auf den „Gott des Heils", dessen Sein und baldige Ankunft Jesaja verkündete.

Mit seiner Botschaft und in seinem Wirken als Täufer vermittelt Johannes die alttestamentliche Heilsprophetie nicht nur, sondern er *vergegenwärtigt* und *universalisiert* sie: „Allem Fleisch" wird Heil zugesprochen. Nicht nur eine Zeitgrenze zwischen damals und heute, zwischen jüdischer Prophetie und dem Rufen des Täufers, wird auf „Hörweite" durchlässig. Mehr noch: Die Sprache im johanneischen Rufen kommt herüber aus dem „Jenseits" der *absoluten* Grenze menschlichen Erfassens und Begreifens.

Johannes gibt der grenzwertigen Sprache Resonanz, Stimme und Schwingung. Er verzeitigt sie zur hörbaren Sprechsprache. Hier vergegenwärtigt sich im „Menschen/Mann Johannes", was Prophetie in ihrer Dynamik ist: das Ausrufen und Vernehmbar-Machen dessen, was bisher unerhört und unsagbar blieb. Im griechischen „phone" gehört noch beides zusammen: Stimme *und* Sprache. Über keine kann der Mensch letztlich verfügen. Sie kommen einem zu. Sie lassen Johannes „Rufender" sein. Und sein Rufen trägt unerhört Neues in die *Wüste* hinaus. In logischem Nachdenken ist die Wüste wohl der unpassendste, ineffizienteste (Resonanz-)Raum für solch epochales Sprachgeschehen. Logik, Gottes Wirkmacht und Sinn sind aber *nicht* dasselbe: „Die Stimme des Herrn erschüttert die Wüste." (Ps 29,8a)

Unterscheidung der Geister: (Fehl-)Verheißung, Skepsis – und Glaube

Jede wirkliche Zeugenschaft verlangt den ganzen Menschen vorbehaltlos. Allerdings kann niemand sein Leben lang dem fordernden Anspruch, Zeuge zu *sein,* in gleich adäquater Weise nachkommen. Das gilt auch für Johannes, wie sich noch erweisen wird. Bei den biblischen Zeugen und ihren Zeugnisgaben geschieht wahres Sprechen, das radikal und rücksichtslos sein muss, um im Moment des Sagens unbedingt wahr zu bleiben. Es darf weder zur Gefälligkeit verkommen, die verzweckt dem anderen nach dem Mund redet, noch darf es bloßer Eigensinn sein, der sich bedenkenlos um sich selbst dreht.

Die „400" Lügenpropheten zu Jerusalem sagten, was der König Ahab (2 Chr 18) hören wollte, also was politisch gewünscht war. Ihr Sprechen war Verführung im Sprachgewand der Verheißung. So brachte es mit der Lüge das Unheil über Juda. Und Jonah, dessen hebräischer Name eigentlich „Taube" bedeutet, wollte nicht für Gott die „Brieftaube" nach Ninive abgeben. Sein Eigensinn verbot ihm beharrlich, den ohnehin schon kürzesten Prophetenspruch unter den alttestamentlichen Prophetien zu künden, nämlich: „Noch 40 Tage und Ninive wird untergehen." (Jona 3,4)

Weder Eigensinn noch Gefälligkeit können den Beweggrund für (prophetische) Zeugenschaft abgeben. Beide bewirken zwar nicht das Gleiche, wohl aber Dasselbe, nämlich *Anpassung,* sei es nach außen an die anderen, sei es nach innen an die eigenen Bedürfnismotivationen. Beide verfehlen Sinn und Ziel von Grund auf, *ohne* jene absolute Grenze anzusprechen, von deren „Jenseits" her Offenbarung diesseitig „spruch-reif" werden kann. Beide sind Sprechakte der Hamartia, der Verfehlung und (Selbst-)Täuschung. Ihr „Rufen" bringt Prophetie, Zeugnisgabe und Heilsverheißung in „Ver-ruf", spielt es doch mit der Hoffnung der Menschen, ohne sie einzulösen. Es fehlt solcher „Botschaft" an erlösender Kraft von Gott her. Seit urbiblischen Tagen ist der Prophetenspruch als „Wort Gottes" *heilig.* Sein Missbrauch ist Frevel, der zerstörerisch rückwirkt auf den Frevler. Deshalb bedarf es quer durch die Zu- und Aussprüche der biblischen Bücher sowohl der Unterscheidung der „Geister“ als auch der engagierten Freiheit des Menschen, Wahres in Unterscheidung von Falschem zu glauben. Dabei ist der Glaube mehr als ein Erkenntnisakt. Er *anerkennt* das Geschehen(d)e und Vernommene als gültig und wahr, sodass es auch ihn betrifft. Stets ist es dem Menschen – zum Beispiel aus Verstandesgründen – möglich, nicht zu glauben. Solcher „Unglaube“ ist dann verständlich, nimmt aber die Chance des Glaubens nicht wahr, sodass der Kairos vergeht.

Zur Veranschaulichung für diese Skepsis am „Wort Gottes“ ein Beispiel mit „Happy End“ aus dem ersten Buch der Heiligen Schrift, das mit dem hebräischen Wort „Bereschit“ (hebr.: „Im Anfang“) beginnt. Auch in psychologischer Lesart ist dieses Buch „Genesis“ höchst aufschlussreich hinsichtlich des „anfänglichen“ (Ur-)Menschen, seiner Humanressourcen und (Fehl-)Haltungen, seiner Befähigung zu glauben und seinem Widerstand gegen das schier Unmögliche:

Der Urvater Abraham (hebr.: „Der Vater liebt“) erhält in seinem Zelt Besuch von „drei Männern“ (vgl. Gen 18,1–16). Er und seine Frau Sarah sind bereits in hohem Alter und kinderlos. Die „drei Männer“ bleiben namenlos. Abraham bewirtet sie mit respektvoller Hingabe, was an die Gastfreundschaft Philemons und Baucis erinnern mag. Einer der „drei Männer“ spricht beim Abschied seine Verheißung über Sarah, die auch Abraham und späterhin die ganze Geschlechterfolge der Bibel bis zu Jesus betrifft. Wörtlich im Hebräischen lautet diese Spruch-Wahrheit:

> „Und er sagte: Einkehren will ich zurück zu dir zur Zeit des Auflebens und siehe da, ein Sohn für Sarah, deine Frau.“ (Gen 18,10a)

Sarai, die „am Eingang des Zeltes horchte“ (V. 10b), konnte diese gute Nachricht schon wegen ihres Alters unmöglich glauben. „Und es lachte Sarah in ihrem Inneren“ (V. 12a). Der Sprecher jedoch nimmt das wahr und konfrontiert Sarah mit ihrem ungläubigen Lachen: „Er aber sprach: Du hast gelacht“ (V. 15). Wie gut, dass Sarah lachte! Damit drückt sie einen reflexartigen, urmenschlichen Unglauben aus an der Grenze vor der Erfüllung des „Unmöglichen". Solche *Skepsis* ist nur menschlich, allzu menschlich. Andererseits veranlasst Sarahs Lachen einen der „drei Männer", das von ihm Vorhergesagte erneut zu bekräftigen:

> „Ist wunderlich von Jahwe her ein Ding? Zur Frist werde ich zurückkehren zu dir, zur Zeit des Auflebens, dieweil für Sarah ein Sohn." (V. 14)

Man mag diesen Ausspruch „prophetisch" nennen oder Verheißung oder anders. Entscheidend ist, dass er wahr gesprochen ist, sodass er sich real vollzieht in Zeugung und Schwangerschaft und dass er sich bewahrheitet in der Geburt des Sohnes. „Isaak" wird dieser einzige Sohn Sarahs und Abrahams genannt werden, in Erinnerung an das ungläubige Lachen beim Hören der Wahrheit, die das Unmögliche bewegt: „Isaak" meint nämlich: „Dass [Gott] lache".

Die Bibel kennt den Menschen, seine Urgründe und Abgründe, seine Skepsis *und* seine Veranlagung zum Glauben. Im Namen „Isaak" ist die Skepsis nicht vergessen, sondern eingefügt in das Symbolgefüge des Namens und damit in die Glaubwürdigkeit der Verheißung an Sarah und Abraham. Das Wort der Verheißung wird hier, „im Anfang" (hebr.: be-reschit) der windungsreichen Patriarchengeschichten, zu „Fleisch", d. h. zum Sohn (vgl. Joh 1,14a). Isaak ist lebensfähig und wird weitere Söhne und Töchter zeugen. So wird sich der große Verheißungsspruch Jahwes an Abraham erfüllen, dass seine Nachkommen so zahlreich wie die Sterne am Himmel sein werden (vgl. Gen 15,5), was Abraham *glaubte:* Ein Glaube an der Grenze zum Absoluten, dem für den Menschen Unwahrscheinlichen und Unmöglichen; ein Glaube, der es zulässt, dass Jenseitiges seine „Schickung" ins Diesseitige erfährt, hinein in Zeit und Räume, verleiblicht im ersehnten Sohn.

Abraham wird in jüdischer wie christlicher Spiritualität gerne der „Stammvater des Glaubens" genannt. Durch seinen unverzweckten Glauben wird er zum Vater Abraham. Vermittels des Glaubens findet er zu seiner Vaterschaft und Identität: Aus Abram (hebr.: „Der Vater ist erhaben") wird Abra*h*am (hebr.: „Der Vater liebt"). Der kann seinen Sohn Isaak lieben, weil er die

Erhabenheit des großen Vaters, des „Deus maior", gläubig anerkennt. Dadurch erlebt er sich umgekehrt – wie ein Sohn – von Gott erkannt und erhört.

Abrahams Vater-Sohn-Beziehung symbolisiert sich in der Erweiterung seines Namens – aus Abram wird Abra*h*am – durch den Hologramm-Buchstaben „He", der im Hebräischen sowohl die Grundzahl „5" bedeutet als auch das Dingwort „Fenster". Sarais Skepsis und Abrams Glaube ermöglichen Abra*h*ams Vaterschaft und Sara*h*s Mutterschaft. „Gott hat Gnade erwiesen" an Abra-*h*-am und an *Sarai*, deren Name sich nunmehr *Sarah* schreibt. Parallel zur erwiesenen Gnade verschiebt sich die buchstäbliche Bedeutung der bisherigen Namen und damit auch deren Identität. Durch ihre Gastfreundschaft, seinen Glauben und durch Gottes Gnade findet Abram mit der Verheißung und Geburt seines Sohnes zu seinem neuen, *ganzen* Namen: *Abraham*. Und aus Sarai wird *Sarah*, die „Herrin". Der neue Name symbolisiert Sarahs neue mütterliche Position und Abrahams neue Aufgabe, nämlich liebender *Vater* (des Isaak und „vieler Völker") zu sein.

So vollzieht sich das Leben zwischen Diesseits und Jenseits, zwischen Skepsis und Überraschung, von Generation zu Generation. Zwischen Schicksal und eigenem Dazutun vollzieht es sich, stets in unergründlicher Bewegung an der Grenze zum *Logos*, zum großen Sinn, der „alle Völker", alle Geschöpfe Gottes, umfasst.

Dem großen Sinn zu folgen und ihn dort, wo es notwendig wird, zu bezeugen, das ist nicht nur Prophetenauftrag, sondern für alle Menschen existenziell in Beziehung zum Absoluten. Was die philosophische Begriffssprache neutral „*das* Absolute" nennt, bleibt weder in der Prophetie noch sonst wo in den biblischen Texten unbestimmt und unpersönlich. Der Gottesname „Elohim" als Name des Schöpfers von „Himmel*n* und Erde" (Gen 1,1) wird bereits im allerersten Vers der Heiligen Schrift offenbar. Das häufigste Wort in den alttestamentlichen Texten (etwa 6800-mal) ist der dem frommen Juden unaussprechliche Gottesname „Jahwe". Er wird im Hebräischen (ohne Vokalisierung) als das Tetragramm JHWH buchstabiert. Beim lauten (Vor-)Lesen der Thora und im Gebet wird er durch die Anrede „Adonai" ersetzt. Die

Übersetzungen geben „Jahwe“ mit „Herr“ behelfsmäßig wieder. Jahwe Elohim ist *der* Absolute, der eine und einzige Gott über allen und allem. Der Mensch soll und darf zu ihm in möglichst ganzheitlicher Beziehung leben:

> „Du sollst lieben Jahwe, deinen Gott, mit deinem ganzen Herzen und mit deiner ganzen Seele und mit all deiner Kraft.“ (Dtn 6,5)

Auf ihn, Jahwe, führt Johannes seine Sendung zurück, und in der Beziehung zu ihm, Jahwe Elohim, „sieht“ (Joh 1,21) er den *verheißenen Sohn*, anerkennt ihn als den „Sohn Gottes“.

Vom „Sehen“ zum Propheten-„Spruch“: Sehen – erkennen – glauben – bezeugen

Wie kann man sich der biblischen Mitteilung annähern, dass Johannes Jesus als „Lamm Gottes“ *„sieht“* ? Sein Sehen ist sein Wahrnehmen an der Grenze zum Absoluten, dem unfassbar Wirkmächtigen. Diese seine Sichtweise spricht der Täufer sofort aus, indem er ausdrücklich auf das „Sehen“ hinweist: „Siehe, das Lamm Gottes …!“ (Joh 1,29). Auch fünf Verse weiter wird Johannes sein Sehen wiederholen: „Und ich *sah* und bezeugte, dass dieser ist der Sohn Gottes.“ (Joh 1,34)

Offensichtlich gehören für Johannes „sehen“ und „bezeugen“ *ursächlich* zusammen. Der Text schreibt *nicht* vom „Erkennen“. In den philosophischen und gnostischen Texten antiken Denkens wird die Erkenntnis (griech.: gnosis) hingegen hochgeschätzt als der große, gleichsam absolute Wert für menschliche Einsicht und vernünftiges Handeln. Nur wer erkennt, kann verantwortlich wissen und dementsprechend handeln. Selbsterkenntnis galt den griechischen Philosophen als vielleicht höchster Erkenntniswert, hinter den jedes mythologische Gerede zurückzutreten hatte. Denn dort dominiere das Psychische, das Erleben, das Sehen und der Anschein über dem Erkennen, das doch klärend und verbindlich wäre. Das Sehen wie überhaupt das Vertrauen auf Sinnesurteile gilt bereits den vorsokratischen Philosophen Jahrhunderte vor Christus als denkfern und naiv. Nicht das Sehen, sondern das reflexiv erkennende Denken befreie aus Ignoranz, stifte Naturerkenntnis und Verbindlichkeit, abseits vom Mythischen, Mystischen oder Tyrannischen.

Obwohl das gesamte Neue Testament ursprünglich in griechischer (Umgangs-)Sprache abgefasst wurde und obwohl gerade das Johannesevangelium hohen Wert auf die Gnosis, also auf das befreiende Erkennen der „Wahrheit“ (vgl. Joh 8,32) legt, verhält es sich bei Johannes dem Täufer anders: Dem „Rufenden“ geht es in seinen Bekundungen und Bekenntnissen zunächst um das „Sehen“; genauer um die Verbindung von: sehen *und* bezeugen.

Es „sieht“ im Textbefund so aus, als ob ihm, der „Heuschrecken und wilden Honig“ aß (Mt 3,4; Mk 1,6), all das fehlen würde an „synthetischen Ichfunktionen“, was die Philosophen im Überfluss praktizieren: Erkennen, Denken, Abwägen, Bewerten, Wissen und Verallgemeinern. All dies sind Grundbausteine für Vernunft, Dialog und Kommunikation auf verbindlicher Sprachebene. War der Einzelgänger Johannes, so könnte man nachfragen, also überhaupt dialogfähig? Johannes war vor allem wahrheitsfähig. Das verband ihn mit seinen Jüngern (vgl. Joh 1,35), zu denen er – noch einen Tag später – erneut sagt: „Siehe, das ist Gottes Lamm“ (Joh 1,36)? – Für Johannes muss es wohl von entscheidender Wichtigkeit gewesen sein, Jesus als „Sohn Gottes“ und zweimal – unter dem Ausruf „Siehe!“ – als „Lamm Gottes“ zu bezeugen.

Wie darf man dieses „Siehe!“ interpretieren, ohne spekulativ zum „Lügenpropheten“ zu werden? – In den „alten“ Sprachen der Bibel (Hebräisch, Griechisch) hat das Zeitwort „sehen“ weitreichendere Bedeutung als in den heutigen, modernen Sprachen. „Sehen“ meint dort (wie übrigens auch noch im Lateinischen) *miterleben* und mit allen Sinnen zugewandt sein, sodass im Akt des Sehens Äußeres gespürt und verinnerlicht werden kann. „Sehen“ im biblischen Sinn hebt den Abstand auf, der den Sehenden vom visualisierten Objekt trennt. „Sehen“ ist nicht beobachten. Umgekehrt hört das so Gesehene auf, „Gegenstand“ zu sein. Im Sehen schaut und durchschaut der blickende Mensch bis ins Nicht-Materielle „dahinter“. So kann man einander in die Augen „sehen“ und bis ins Herz schauen.

Der zeitgenössische Religionsphilosoph und Lehrer Eugen Biser (1918–2014), schreibt in einem seiner späten Essays vom „Nürnberger Reichsparteitag“ 1938. Eingezogen in den Reichsarbeitsdienst wurde der 20-Jährige zum „Spatenmann“. Uniformiert in Marschkolonne mit Feldspaten musste er an Adolf Hitler im Gleichschritt vorbeiziehen. Von der Tribüne her sah Hitler nach unten. Und einen Augen-Blick lang, so erinnert sich Biser, sah er ihm, dem „Führer“, in die Augen. Endlich wieder heimgekehrt an den badischen Kaiserstuhl zu seinen Eltern, bezeugte er ihnen: „Ich habe in seine Augen gesehen. Er will Krieg. Es wird Krieg geben“. So kam es bekanntlich. Sein Sehen gab dem jungen

„Spatenmann" den Ein-Blick in das dunkle Wollen dessen, der immer noch „Frieden" propagieren ließ.

Man muss keineswegs Romantiker sein, dass einem im Sehen Herzenserkenntnis zustößt, die betroffen macht. Johannes war betroffen vom Anblick Jesu und vom Erblicken des Geistes, der „herabfuhr wie eine Taube und auf ihm [= Jesus] blieb" (Joh 1,32). Ein unmittelbares, ganzheitlich-leibliches *Verstehen* erfasste ihn, das jeder Tiefenerkenntnis vorausgeht, um sie dann, wenn sie ausgesprochen wird, spontan und unverlierbar zu begleiten. In den griechischen „Mysterien" (= Geheimnisse), beispielsweise in den „Mysterien von Eleusis", geht es für die ausgewählten Teilnehmer nicht um Denken und logische Folgerungen, sondern um „geistige Schau", zu der „Antike Religion" (Karl Kerenyi) die Einzuweihenden führen möchte. Nicht abstrahierendes Bedenken, sondern szenisches Verstehen in „geistiger Schau" fördern ungezählte biblische Mysterientexte. Die Begegnung Johannes – Jesus ist solch ein Text, der im Rezipienten unerwartetes Sehen und Ein-sehen hervorrufen kann. „Siehe!" Wird somit zum Eröffnungsruf, zum Fenster für den Durchblick in zeitlose Wahrheit, inmitten des Geschehenden und seiner Sinnen-gemäßen dramatischen Ausgestaltung.

„Siehe!", Mit dieser Geste weist im Johannesevangelium Pilatus auf den bereits zum Opfer gewordenen Jesus hin. Das „Ecce homo" („Siehe, ein Mensch!") ist seither ein sprichwörtliches Rätsel, das sowohl Betroffenheit ausdrückt als auch je neu erzeugt: „Siehe!", dieser Ausruf durchzieht als dramatische Steigerung die apokalyptischen Visionen der Offenbarung des Johannes. „Sehen" gehört zum Menschen und zum Mysterium, zum Wahrnehmen und zur Herzenserkenntnis biblischer Offenbarung. Es gehört zur Weise, wie Elohim „Himmel und Erde" (Gen 1,1 f.) erschuf. Sprechend und sehend tat er es. Sprechend vollziehen sich die zehn Schöpfungsakte bis hin zur Einsetzung des Urmenschenpaares in den Paradiesgarten. Der Abschluss seiner „Schöpfung im Wort" (Friedrich Weinreb) ist das *Sehen*:

> „Da sah Elohim alles, was er geschaffen hatte. Und *siehe*, es war sehr gut." (Gen 1,31a)

Johannes sieht, erkennt und bezeugt den, der vom Schöpfergott her kommt, um „unter uns" (Joh 1,14a) „Logos" (Wort) und „Licht" (Joh 1,4) zu sein. Er „sieht" den, der schon vor aller Schöpfung seinen ewigen Ursprung in Gott nimmt. Er bezeugt ihn als den, „der mitten unter euch steht, den ihr nicht kennt" (Joh 1,26b); der in sichtbarer, zeitlicher (Erzähl-)Abfolge *nach* Johannes dazu kommt, obwohl er *vor* ihm schon *ist*. Inmitten zeitlicher Geschehnisse, am fließenden Wasser des Jordan entdeckt Johannes den Christus in Jesus, den Ewigen im Zeitlichen. Alle Propheten sind auf ihre je besondere Weise Ent-Decker: Heil und Unheil, Rettung und Verderben, Wahrheit und Lüge decken sich auf unter ihren Augen und in ihrer Sprache. Ihre Verheißungen kennt Johannes, der Jesus als den wahren und *einzigen* messianischen Verheißungsträger (an-)erkennt. Das ist einmalig. Religiös „gesehen" ist das die größte Entdeckung aller Zeiten, der die geografischen Entdeckungen der großen Seefahrer und Wissenschaftler folgen werden. Doch sie alle betreffen Innerweltliches und damit Beweisbares, wohingegen die epochale Entdeckung des Täufers im unmöglich Beweisbaren „ruft". Alles, was geschieht, vergeht nicht spurlos. Auch für den Sprach- und „Tatort" am Jordan ist das so. Geschehen(d)es wirkt in homöopathischer Schwingung weiter. Das gilt ebenfalls für das Sehen und Bezeugen, das Erkennen und Rufen des Johannes.

> „Und hörten die zwei Jünger [des Johannes] ihn redend und folgten Jesus." (Joh 1,37)

Johannes als Asket: Zwischen Logos und Leiblichkeit

Die Evangelisten waren keine „Gnostiker". Keiner von ihnen, der auf spekulative Erkenntnis setzten würde, wie es in der griechisch-römischen Antike unzählige gelehrte Geister praktizierten: In Selbsterfahrung und Lehre billigten sie dem menschlichen „Geist" (griech.: nous) existenziell verwandelnde Erkenntniskraft zu, bis hin zur Selbsterlösung des leiblich-psychischen Menschen. Zusammen mit all seinen psychischen Bestrebungen und Affekten könne der Mensch auch seine leiblichen Bedürfnisse überwinden, um sich dergestalt zu einem leidenschaftslosen (apathischen) Geistwesen zu läutern. So fände der sich einübende Gnostiker Verbindung zu immer höheren, feineren, geistigen (Licht-)Dimensionen. Schließlich, in Askese (griech.: Übung) und Läuterung, gelänge die Vereinigung des einzelnen „Geistes" mit dem universell „Einen": dem absoluten Geist über allem und in allen.

Teils aus dem Osten, Vorderorientalischen herrührend, waren die gnostisch-esoterischen Mysterien (bzw. Heilslehren) zur Zeit des Johannes bereits präsent im griechisch-römischen Kulturkreis. Der jüdische Monotheismus widerstand ihnen. Johannes ist zwar Wüsten-Asket, aber alles andere als ein Gnostiker. Er „übte" sich einerseits ein in einen zähen Minimalismus, der ihn andererseits wach sein ließ für sein prophetisches „Siehe!". Er setzt nicht auf Selbsterlösung durch geistige Einübung in entmaterialisierende Sphären des Erkennens. Hingegen zeigt sich im Evangelium, insbesondere im Matthäus- und Markusevangelium (vgl. Mt 3,1–6; Mk 1,1–6), wie eingebunden in das Irdene, in das Leiblich-Sinnliche, Johannes lebt, tauft, „sieht" und bezeugt. Johannes war so erdverbunden, dass er sogar der Wüste und dem Wüstenboden sein Überleben abgewinnen konnte:

> „Er aber, Johannes, hatte ein Gewand aus Haaren eines Kamels und einen ledernen Gürtel um seine Hüfte. Aber seine Nahrung war *Heuschrecken und wilder Honig.*" (Mt 3,4)

So (über-)lebt Johannes, eingehüllt in tierische Produkte, nämlich wärmende „Kamelhaare" und Tierhaut, die ihm Material für Leder und somit für den „ledernen Gürtel" liefert. Damit kann er seinem Gewand ein Oben und ein Unten, Gliederung und Halt verleihen. Johannes ist eben kein „Wilder". Vielmehr erinnert sein Aussehen und Auftreten bereits seine Zeitgenossen an den Propheten Elija. Auch der „hatte eine raue Haut an und einen ledernen Gürtel um seine Hüften" (2 Kön 1,8). Elija wich vor Judas krankem König Ahasja aus in die Wüste, den *Rückzugsort* der Propheten. Dass Johannes sich von „Heuschrecken und wildem Honig" ernährt habe, erwähnen sowohl der Evangelist Matthäus (Mt 3,4) als auch Markus (vgl. Mk 1,6). Diese Parallelführung wirkt als Verstärkung ein- und derselben Aussage. Sie charakterisiert Johannes, dessen Alleinstellungsmerkmal unter allen biblischen Propheten mit seinem Messias-Zeugnis zugleich seine Ernährung ist: „Heuschrecken und wilder Honig".

Mit seinem Speiseplan verschiebt sich sein Verhältnis zur Natur nicht nur in das Außergewöhnliche, sondern Außermenschliche. Nicht nur spirituell zum Logos hin, sondern auch zur Natur und zum Natürlichen hin gibt es für den Menschen *als* Mensch eine nicht mehr passierbare, absolute Grenze. Johannes hingegen ist exzessiv: Wie ein überdimensionierter Bogen spannt er sich aus zwischen *Logos* und *Leiblichkeit*, zwischen Fülle an prophetischer Messias-Erwartung und Mangelernährung. In Johannes berühren sich die Extreme von geistinspirierter Schau, sprachmächtigem Rufer und hungrigem Eremiten. Johannes ist disproportional zum Normalmenschen. Er ist die „Stimme eines Rufenden in der Wüste" (Joh 1,23), die bis dahin Unerhörtes ausruft *und* er ist der, dessen Mund „Heuschrecken und wilden Honig" verzehrt.

Der Täufer ist alles andere als ein Gnostiker. Er ist ein schonungsloser Pragmatiker (vgl. Mt 3,7–10; Lk 3,7–9) in seinem Ruf nach Umkehr. Auf die eine Generalfrage der Bekehrungswilligen „Was sollen wir tun?" (Lk 3,10) antwortet er hingegen *maßvoll* ausdifferenziert, ohne jemanden zu überfordern (vgl. Lk 3,10–14). Johannes ist ein lebendes Paradox, eine grenz-wertige Leitfigur in den ersten drei Kapiteln aller vier Evangelien. Seine symbolische

Funktion, die auf seinem paradoxalen Extremcharakter aufbaut, lässt allerdings die „Heuschrecken“ und deren Esser aus einer verschobenen biblischen Perspektive beleuchten.

„Heuschrecken haben keinen König“ (Spr 30,27): Johannes, der andere Prophet

Sechzehn Mal werden die „Heuschrecken“ quer durch die Bücher des Alten und Neuen Testaments in signifikante Sinnzusammenhänge gebracht. So wie der Fluss Jordan auf der biblischen Aussage- und Sinnebene zu mehr wird als einem Gewässer mit wechselndem Wasserstand, so werden auch die Heuschrecken zu mehr als zu fressgierigen Insekten. Sie werden in ihrer fresswütigen (Schwarm-)Vielheit zur Metapher, zum *Symbolbild*, für die vernichtende, absolute Dominanz der Vielheit.

„Heuschrecken haben keinen König“ (Spr 30,27), so stellt jüdische Spruchweisheit fest. Sie fallen in Schwärmen ein als amorphe, fressende Masse, deren Anfliegen das Tageslicht in Finsternis taucht. Gegen ihr Eindringen und Abfressen der Saaten (vgl. Ps 78,46) gibt es keine effiziente Abwehr. Der Mensch ist in biblischer und apokalyptischer Vision (vgl. Offb 9,3.7) jener *Vielheit* und *Fressgier*, die die „Heuschrecken“ symbolisieren, *machtlos* ausgeliefert. Nicht einmal der große Pharao und seine Priester finden ein wirksames Mittel gegen sie. Die achte und neunte Plage, mit denen Jahwe Ägypten „schlägt“, um den Auszug seines Volkes aus Pharaos Machtbereich zu erwirken, sind *Heuschrecken* und *Finsternis*:

> „Und die Heuschrecken bedeckten das Sichtbare des ganzen Landes und es verfinsterte sich das Land und sie fraßen den ganzen Pflanzenwuchs des Landes und jegliche Frucht des Baumes [...].“ (Ex 10,15a)

Sie kommen mit dem „Ostwind ins Land“ (Ex 10,13), um zu fressen. Diesmal also ist der Osten nicht der Herkunftsort des Lichtes. Nicht die Sonne ist es, die von dorther aufsteigt und nach Westen zieht, sondern ein Heer ohne „König“ (Spr 30,27) mit Finsternis im Gefolge. Sie bringen dort, wo sie massenhaft mit dem Wind aus dem Osten einfliegen, eine Art „Bruch“ in die Schöpfung, einen unerträglichen Rückfall der Schöpfungsordnung des siebten Tages in das *Chaos vor* dem Anfang, noch *vor* der Erschaffung des Lichtes:

> „Und die Erde war Wüstenei und Öde und Finsternis über der Urtiefe." (Gen 1,1b)

Aus Chaos und Finsternis erhebt Gott sprechend seine Schöpfung in die Grundordnung von Einheit *und* Vielheit: von Werden, Sein und Vergehen. Die „Heuschrecken" pervertierten diesen *zweipoligen* Schöpfungslogos: In ihrer Vielheit fressen sie alles Grüne und Werdende auf, sodass es sogleich abgefressen und *tot* ist. Sie bringen Finsternis am gerade noch helllichten Tag, fliegen weiter und hinterlassen Verwüstung und Öde. Wo sie auftauchen, sei es mit dem Wind, sei es aus dem risstrockenen Erdboden, bewirken sie Negation und Reduktion der Schöpfung auf *fruchtloses Chaos.* Das aber ist sinnwidrig, weil es dem Schöpfungssinn destruktiv gegenläufig ist, sodass auch für den Menschen kein Lebensort (mehr) dort sein kann, wo die Heuschrecken ihre Gier befriedigen.

Dort aber lebt Johannes, bald in der „Wüste von Judäa" (Mt 3,1), bald östlich des Jordan in der dortigen Wüstenei. Von dorther tritt er auf als „Johannes der Täufer" (Mt 3,1), um am Ost-Ufer des Jordan zu verkündigen und dreimal Jesus zu bezeugen als „Sohn Gottes" und als „Gottes Lamm". Auch für andere, frühere Propheten gibt die Wüste als Symbolort den Zufluchtsort vor feindlicher Nachstellung. So flieht beispielsweise Elija vor dem Zorn der Königin Isabel in die Felsenwüste, wo ein Engel Gottes ihn mit „einem gerösteten Brot", „einer Kanne Wasser" (1 Kön 19,6) und dem Wort Gottes versorgt (1 Kön 19,5). „Wacholder" (1 Kön 19,4) wächst dort, um Elija Schatten zu spenden. Hier ist die Wüste eben nicht nur Wüste, sodass Elija sie zum Gottesberg Horeb durchqueren kann (vgl.1 Kön 19,8).

Für Johannes aber lebt es sich in der Wüste im Osten, *jenseits* des Jordans, unter radikal anderen Vorzeichen. Er ist keine zweite Ausgabe von Elija; eine Rolle, die manche von Jerusalem her nur allzu schnell auf ihn projizieren (vgl. Joh 1,21). Nein, er ist *keine* reaktivierte Kopie der früheren Propheten. Weder Elija noch Elischa ist er, obwohl sie alle Wüstenerfahrung hatten. Sie lebten allerdings *nicht in* der Wüste, sondern durchquerten sie. Sie mieden die Wüste, die ihnen nicht unbekannt blieb. Als Verkünder ihrer Prophetensprüche tendierten sie auf bewohnte jüdische Gegenden und Städte. Ihre Prophetien galten zumeist den Königshäusern von Israel und Juda; sie galten Jerusalem, der Priesterschaft und dem Tempel.

Johannes jedoch lebt *in* der Wüste, ernährt sich in und von ihr, um immer wieder aus dieser Lebensweise heraus am Jordan zu wirken. Nicht er kommt zu den Menschen, sondern ungezählt viele Zeitgenossen, „Priester und Leviten" (Joh 1,19), reisen von Jerusalem durch „Judäas Wüste" (Mt 3,1) zu ihm, zu seiner Taufe und zu dem Ort seines „Rufens". Keiner der anderen jüdischen Propheten aß „Heuschrecken und wilden Honig" (Mt 3,4; Mk 1,6). Jedenfalls berichtet die Heilige Schrift nur von Johannes dem Täufer als dem Einzigen, dem es gelang, im Osten *in* der Wüste zu leben und sich von zwei Insektenarten zu ernähren, die einander nicht nur sinnbildlich konträr sind: Während die Bienen fördernd auf die Blüten- und Pflanzenwelt des 3. Schöpfungstages (Gen 1,11–13) einwirken, fressen die Heuschrecken ihr „Grün", ihre Sprösslinge und Saaten auf. Es ist aber nicht nur kontrastreiche Nahrung, die Johannes (anders als alle anderen Propheten vor ihm) zu sich nimmt, was das Täufermotiv mitformt. Die neutestamentliche Motivverschränkung von *Wüste – Heuschrecken* und *Prophetie* hebt sich sprunghaft ab von alttestamentlichen Strukturmustern.

Die Wüste als karger, für den Menschen lebensfeindlicher Raum gibt ein sich durchhaltendes *Grundmotiv* der biblischen Geografie und Anthropologie. Bei Johannes aber ändert sich das. Die „Wüste" als (Erzähl-)Motiv verändert sich und formt dadurch eine neue Bedeutungsebene: Während Bienenhonig gemäß den mosaischen Speisegesetzen eine wertvolle, koschere Nahrung ist, sind die Heuschrecken „unrein". Das gilt auch für alle übrigen Insekten. Sie selbst dürfen vom Menschen nicht gegessen werden, so wie er beispielsweise Tierblut nicht zu sich nehmen soll. Der Täufer aber ernährt sich von ihnen, denen heutige Ernährungskunde übrigens hohen Proteinwert zuspricht und Essbarkeit. Dass der Prophet Johannes anders als alle Propheten vor ihm *nicht* zwischen „reiner" (koscherer) und „unreiner" Speise unterscheidet, ist notwendig für seinen Lebensunterhalt in der Wüste. Dazu, so scheint es, braucht er die Heuschrecken in kontrastreicher Verbindung mit dem Honig.

Bemerkenswert bleibt gleichwohl: Einerseits setzt der Täufer für sich die jüdischen Speisegesetze außer Kraft. Andererseits gelten für ihn die mosaischen Sexual- und Ehegesetze so vorbehaltlos, dass ihn dies buchstäblich seinen Kopf kosten wird (vgl. Mt 14,3–12). Er kritisiert nämlich öffentlich die Ehe des Vasallenkönigs Herodes Antipas als ungesetzlich, weil dieser seine geschiedene Schwägerin heiratete. Johannes hält also bedingt fest an der Thora (= Lehre) des Erzpropheten Mose, dem Gott durch die Sendung der „Zehn Plagen" an Ägypten (Ex 7–10) den großen Exodus Israels aus der 400 Jahre währenden „Knechtschaft Ägyptens" ermöglichte. Erstmals in der Bibel, und zwar in der achten und neunten Plage, werden – wie bereits vorhin erwähnt – „Heuschrecken und Finsternis" genannt. Epidemisch und vernichtend befallen sie das „Sklavenhaus Ägypten". Sie fressen das nachwachsende *erste* Grün der Vegetation. Die zehnte Plage, der mitternächtliche Tod der „*Erst*geburten" (Ex 12,29), betrifft – nunmehr auf menschlicher Geschehensebene – gleichfalls das (den) „Erste(n)", Nachkommende(n), in dem sich Zukunft „auswächst".

Dass den „Heuschrecken" Hunger und Tod folgen, ist sowohl eine menschlich erfahrbare Tatsache als auch die apokalyptische Vision (Offb 9,3 f.) der mutierten Heuschrecken, deren „Stachel" und Gift allen Menschen Todesqualen zufügen sollen, außer denen, die das „Siegel Gottes auf den Stirnen" (Offb 9,4) tragen.

Heuschrecken und Wüste: Zur Identität des „Rufers"

Was also sind in der vielperspektivischen (Symbol-)Sprache der Bibel die „Heuschrecken" und in welcher Funktion befallen sie Länder, Gewächse und Menschen? Wer ist, von der Wüste und den Heuschrecken her verstanden, „Johannes der Täufer"?

Hierzu lässt sich bereits Dargestelltes kurz ergänzen und zusammenfassen, um vertieft zu verstehen, wer Johannes als „Mensch, von Gott gesandt" (Joh 1,6) ist. Also nochmals konzentriert philologisch zu den biblischen Heuschrecken: Mindestens neun hebräische Bezeichnungen gelten für sie, die alle Facetten des Zerstörerischen enthalten und einander in ihrer Aussage- und Deutungskraft wechselseitig ergänzen. Im Neuen Testament, d. h. in griechischer Sprache, gibt es für „Heuschrecken" zwar nur ein Wort, nämlich *„akris"*, das sich allerdings in zwei Bedeutungsfelder spaltet: Akris meint zunächst sowohl die „Heuschrecke" als auch den „Bergrücken". Erst wenn „akris" in den Plural gesetzt wird bzw. wenn es dekliniert wird, wird die Unterscheidung der grundverschiedenen zwei Bedeutungen möglich. Wie im Hebräischen so gibt auch im Griechischen das dazugehörige Zeitwort klärende Hinweise auf die „Stamm"-Bedeutung des Hauptwortes. Das zu „akris" gehörige Verb lautet auf „kris" und meint: unterscheiden, ordnen. So kommt es in der „Krisis" zur (Ent-)Scheidung und „akrisia" besagt wörtlich: fern von (weg von) Entscheidung, Unordnung, Verwirrung. Sowohl die verwirrende, ungeordnete Masse der (einfallenden) Heuschrecken (-Schwärme) als auch die dem Urteil des Auges entzogenen, hohen „Bergrücken" könnten damit angesprochen sein.

Akris (= Heuschrecke) und *Akrisia* (= Unordnung, Verwirrung) verbegrifflichen also sinnfällige Erfahrungen mit dem Unbegreiflichen und dem (Erkenntnis-)Fernen. Grenzerfahrungen dessen, was nicht zuordenbar, verwirrend und erregend sich zeigt, werden so zu Buchstaben, Worten und Sinnbegriffen: *Heuschrecken* und *Verwirrung.*

Johannes, der Grenzgänger am Jordan zwischen Altem und Neuem Testament, zwischen jüdischer (Religions-)Kultur und Wüste, zwischen geistiger (Offenbarungs-)Fülle und körperlichem Hunger, existiert in einem kaum menschenmöglichen Ausnahmeverhältnis zu den „Heuschrecken". Er kann sie sich einverleiben und verträgt sie zusammen mit dem „wilden Honig". Dass die Heuschrecken als biblische „Heuschrecken" weniger von biologischem Interesse sind als vielmehr von übertragen Symbolischem, dürfte sich fast von selbst verstehen: Als Metapher und Bildwort stehen sie für zerstörerische, schöpfungs- und sinnwidrige Gefräßigkeit; für getriebene Vielheit, die das „Grün" und den Pflanzenwuchs des dritten Schöpfungstages möglichst restlos annulliert; für die Vernichtung des Vegetativen und Ersten. Im Kosmos schöpferischer Sinnordnung repräsentieren sie die verwirrende, zerstörende Gegenkraft der Auflösung. Für *Akrisia* und *Chaos* statt Harmonie und Wachstum steht die biblische Metapher „Heuschrecke(n)". Wenn der Ostwind sie aufwogt, verdunkeln sie die Sonne, erschrecken die Erdbewohner. Woher sie kommen, ist ungewiss, wohin sie fresslustig weiter in Schwärmen aufbrechen, ist grenzenlos, aber stets nur dem einen, ihnen allen gemeinsamen Ziel zugeordnet: der *Gier.* Ihr unendlicher Hunger gibt ihnen Dynamik und Macht. Gerade deshalb kehren sie in der Apokalypse wieder als mächtige Vollstrecker der *Vernichtung.*

Johannes setzt sich ihnen aus, einverleibt, verträgt und neutralisiert sie mit allem, was sie an Zerstörungspotenzial beinhalten. Er kann sich mit ihnen verbinden im Essen, ohne dass sie ihn ver-„unreinigen" bzw. schädigend affizieren würden. Jesu Erklärung an seine Jünger, was den Menschen „unrein" machen würde (vgl. Mt 15,10–20), wirft ihr Licht zurück auf Johannes' Einverleibung der nicht koscheren Insekten: „Nicht das Hineingehende in den Mund verunreinigt den Menschen, sondern das Herauskommende aus dem Mund, das verunreinigt ihn" (Mt 15,11), nämlich „die üblen Gedanken aus dem Herzen." (Mt 15,19a)

Der Täufer ist nicht nur immun(isiert) gegen die materiellen Heuschrecken, sondern gegen alles, was die Metapher „Heuschrecken" beinhaltet: gegen die verwirrende Sinnwidrigkeit einer gierig treibenden und getriebenen Macht, deren Dynamik, d. h. „daimonia" jede Eudaimonia auffrisst, um aus dem Mangel erneut Gier zu hinterlassen. Johannes ist der einzigartige „Mensch, von Gott gesandt" (Joh 1,6), der mit dem unsagbar Negativen im Sinnbild der „Akris" (= Heuschrecke) integrativ umgehen kann. Es zerstört ihn nicht, lässt ihn nicht erkranken und nicht davor fliehen. Auch fühlt er sich nicht etwa schuldig, „unrein" zu werden. Er ist der „Mensch, von Gott gesandt", zu dessen „Schick-sal", d. h. zu dessen „Fülle der Sendung" es existenziell gehört, jenseits der mosaisch-kultischen Grundkategorien von „rein-unrein" Essender, Rufender und Zeuge des ganz Anderen, des *Messias* zu sein. Das macht seine Identität aus, sein Schicksal, von dem er nicht wissen kann, wohin es ihn hinführt und wen es ihm zuführt.

Ein „Mensch, von Gott gesandt“ (Joh 1,6): Johannes „gegenüber“ von Israel

Johannes wird übrigens in seinem Auftreten als „Johannes der Täufer“ von keinem der Evangelisten als „Mann“ (griech.: andros) bezeichnet. Obwohl die Evangelien erzählerisch und verhaltensbezogen keinen Zweifel an der männlichen Geschlechtsidentität des Täufers lassen, findet sich diese geschlechtsspezifische Definition nicht in den Texten. Hingegen spricht der Evangelist Johannes ganz am Anfang seines Evangeliums (Joh 1,6) vom „Menschen“ (griech.: anthropos). Der Täufer wird noch vor jeder Geschlechtszuweisung bestimmt als „Mensch, von Gott gesandt“. Er ist somit der „Mensch“, der dem „Menschen-Sohn“ Jesus den „Weg“ (Lk 3,4) bereitet.

Die zehnte und letzte Schöpfungstat Gottes ist es, den „Menschen in/zu seinem Bild“ zu erschaffen, „zum Bilde Gottes schuf er ihn (= den Menschen) und erschuf sie männlich und weiblich“ (Gen 1,27). Die alttestamentliche Erzählung vom Menschen beginnt also mit dem (Ur-)Menschen, über den die jüdische Mystik (der Kabbala) als „Adam Kadmon“ insgeheim schon so lange spekuliert. Der Anfang des Johannesevangeliums spricht an der absoluten Grenze von Logos (Wort, Sinn) und Kosmos (Menschen-Welt) nicht vom Mann, sondern vom „Menschen“ Johannes. Sein Mensch-Sein zeigt Archaisches, Ursprüngliches und unleugbar Resilientes. Er ist der „Mensch“ im Osten, am Ursprung und am Anfang von Jesu öffentlichem Wirken, ganz nahe den schöpferischen wie den auflösenden Mächten und deren (Eu-)Daimonia. Jenseits des Jordans und jenseits der pharisäischen Sucht nach fiktiver „Reinheit“, ist er resilient gegen all das, was die „Heuschrecken“ sind und biblisch bedeuten. Er ist, um es nochmals vertiefend mit dem psychologischen Wort „Resilienz“ zu sagen, unerklärbar widerstandsfähig und regenerationsfähig, selbst aus der „Wüste“ heraus.

Die Wüste als nicht bemessbare Dimension von Sand, Stein und Öde, sie ist der vermeintliche Ort fruchtloser Vielheit mit den gierigen Heuschrecken als deren Symbolisierung. Von dort her, von der Wüste und den Heuschrecken her, lässt sich der „Mensch" Johannes besonders veranschaulichen. Er ist der letzte Prophet *vor* Jesus. Viele Propheten vor ihm (wie Elija) durchquerten die Wüste. Johannes der Täufer ist resilient gegen die vernichtenden Kräfte der Wüste. Er ist der Prophet, der *in* ihr leben, dort sich nähren und aus ihr „rufen" kann.

Wörtlich heißt es im Johannesevangelium: „Es trat auf ein Mensch, gesandt von Gott, der Name war ihm Johannes" (Joh 1,6a). Dass er „auftrat", ist dabei eine Behelfsübersetzung des griechischen Zeitwortes „egeneto", das wenig Anschaulichkeit besitzt. Vielmehr steckt im dynamischen „egeneto" die Wortwurzel von „(er-)zeugen" und „aufkommen". Über Johannes als dem großen, prophetischen Zeugnisgeber von Jesus, dem „Sohn Gottes", gibt es in den neutestamentlichen Texten selbstverständlich verschiedene Zeugnisgaben. Er ist der *bezeugte Zeuge.*

Die eine, seinem Wirken vorausgehende Zeugnisgabe, bezieht sich auf seinen Stammbaum, der vom leiblichen Vater Zacharias aus zurückreicht bis zu Mose und Aaron, d.h. bis zur erstmaligen Einsetzung der „Priester und Leviten" (Joh 1,19). Die andere Qualifizierung seiner Person als prophetische Ausnahme (Herausnahme), ist die Verschränkung seiner Entwicklung und Persönlichkeit mit der Wüste:

> „Aber das Kind wuchs und wurde stark dem Geist und er war in den einsamen Gegenden bis zum Tag seines öffentlichen Auftretens vor Israel." (Lk 1,80)

„Vor" (griech.: pros) darf hier verstanden werden als „gegenüber", „auf der anderen Seite" von Israel. Tatsächlich lebt und tauft Johannes (zunächst) nicht in Juda, sondern separiert und nach Osten verschoben. Johannes steht in der Wüste am Jordan Juda gegenüber. Bereits der Ort seines Wirkens lokalisiert und symbolisiert den Gegensatz: Er lebt, tauft, ruft und bezeugt *vom anderen Ufer her,* aus der Wüste, hinüber in das alte Stammland Israels mit seiner diffusen Messias-Hoffnung. Johannes ist im pro-vokativen (= herausrufenden) Gegensatz zu Israel, seinen Speisegesetzen, religiösen Machtkämpfen und seinem Festhalten am Tempelkult, den Herodes der Große ermöglichte, weil er ihn zweckdienlich brauchte. Im Gegensatz zu seinem Vater Zacharias, einem Mann alter Priesteraristokratie, opfert sein Sohn Johannes in keinem Tempel, sondern lebt „in den einsamen Gegenden“ (Lk 1,80). Die Wüste wird ihm zur verinnerlichten Lebenserfahrung unter dem Vorzeichen von „Heuschrecken und wildem Honig“.

In Johannes, dem Täufer und Wüstenasket, konzentriert und personifiziert sich der revolutionäre Gegensatz zwischen dem *Alten,* dessen prophetisch-spirituelle Kraft zur Glut geronnen war, und dem *Neuen* an spirituellem Aufbruch, das bis dahin noch kopf- und namenlose Suchbewegung sein sollte. Johannes *verkörpert* diesen hochattraktiven Gegensatz, der Massen von „bekehrungswilligen“ Menschen in pilgernde (und auch neugierige) Bewegung brachte – und mit ihnen zeitgleich Jesus. Im Jordantal, wohin auch die „Priester und Leviten“, die „Pharisäer und Sadduzäer zu seiner Taufe kommen“ (Mt 3,7a), prallen die Gegensätze aufeinander. Sie werden unversöhnt bleiben über die Enthauptung des Johannes und über das Wirken sowie die Auferweckung Jesu hinaus. Dass Jesus von Johannes „gegenüber“ (griech.: pros) Israel zum Messias ausgerufen wird, maximiert den Gegensatz, der das große Drama um das Heil zwischen *Heiligem* und *Gewalt* sich nach und nach offenbaren lässt.

Ausnahme im Outback: Johannes, „Mund der Wahrheit“

Johannes war so rücksichtslos wie die Wahrheit selbst. Der Psychiater Jacques Lacan meint, dass es „die“ Wahrheit nur um den Preis des „wahren Sprechens“ gäbe. Das stimmt. Im Sprechen selbst kann sich Wahrheit bestenfalls „zeigen“, ertönen. *Zwischen* den Worten und Zeilen, getragen von der Motivation des Sprechenden und inspiriert vom Anderen und Unbewussten her, spricht sich Wahrheit aus und zu. Sie kann zum Laut werden im Murmeln der Gebete, lautstark im hymnischen Gesang und zur Schwingung eines Textes im biblischen Wort, sodass er dem Hörenden zum Zu-Spruch wird: Eine Zu-Sage, die nicht aufhört mitzuteilen, dass Gott der „je größere“ ist; dass seine Stille seine Macht ist und seine Propheten sein Mund.

Im Prophetenmund wird die Wahrheit spruch-reif wie Weizen zur Ernte. So versteht es der Dichter Rainer Maria Rilke in seinem „Stundenbuch“ (1905), einem Gedichtzyklus, der alttestamentliche Prophetie sensibel wiedererweckt in ästhetischen Reimen. Johannes der Täufer kommt darin nicht vor. Er wäre wohl zu gewaltig gewesen, um Rilkes so sorgfältiger Dichtung einen angemessenen Resonanzraum zu verschaffen. Lässt man sich – als vorläufiges Wahrnehmungsexperiment – einige Atemzüge darauf ein, in Johannes figürlich den „Mund der Wahrheit“ zu hören, dann werden gewisse Parallelen unabweislich: Beide – der „Mund der Wahrheit“ *und* der Prophet Johannes – sind den Menschen und der Normalsprache fremd, also nur auf sichere Distanz in verdünnter Dosis akzeptabel. Sie werden beide zugleich gesucht und gemieden, anerkannt und verleugnet. Beide sind der Konvention wie der politischen Macht gefährlich, sodass sie verleugnet und verworfen, enthauptet, gekreuzigt und getötet werden. Zum Wesen beider gehört es, sprechen zu müssen, obwohl bald vorder-, bald hintergründig bedroht vom Fallbeil eines dunklen Widerstandes.

Dessen Logik läuft folgerichtig auf die Abschaffung von Prophet und Wahrheit hinaus, koste es, was es wolle. Vielleicht gibt es nichts Substanzgefährdenderes für den Bestand der „Welt" als den Propheten und die Wahrheit im „Sagen". Dann hilft zur Bestandssicherung von alter Herrschaft, eingeübter Plausibilität und geläufiger Konvention nur noch der *Mord.* Damit schließlich, mit dem Ausüben ultimativer Gewalt an Prophet und Wahrheit, endet dann auch die hier skizzierte Parallele. Wer die Bibel aufschlägt und die Chroniken der Weltgeschichte, wird an dieser abgründig destruktiven *Wahrheit über die Wahrheit* nicht vorbeikommen, ohne sie anerkennen zu müssen.

Johannes ist der „Mensch", der sich nicht selbst gehört. Zwar gehört sich niemand selbst, aber die wenigsten wollen das (an) erkennen und im Leben realisieren. Die gefällige Fiktion der Selbstrealisierung bis zum Gipfelglück gelingender Selbsterfüllung ist der große Wunschtraum der Zeitgenossen quer durch die jeweils begehrenswerten Wunschkulissen der jeweiligen Kulturbestände. Seit Kain und Abel, seit Babel und Ninive, bis heute ist das so mit wechselnder Gestaltdramatik. Johannes aber wurde zum (hebr.) *„naar"*. Ohne dass er es selbst hätte machen und an sich vollziehen können, wurde er zum *„Aufgeweckten"*, zum Propheten. Solches geschah ihm, dem Sohn des Zacharias und der Elisabeth von Gott her, der ihn sandte. Sein Sprechen ist zum Zeigen und sein Zeigen ist zum Sprechen geworden; seine Erscheinung zum Menetekel, zu dessen Abschaffung keine Menschenmacht befähigt ist: Herodes Agrippa wird, nachdem er Johannes ermorden ließ (Mt 14,10), diese Wahrheit „dunkel" in seinem aufgerührten Seelenleben erfahren müssen, wie nach ihm William Shakespeares „Macbeth" und so viele andere, die meinten, sie könnten die Wahrheit exekutieren, um sich an deren Stelle zu setzen (vgl. Apg 12,21–25).

Als „Mund der Wahrheit" zu sprechen, das ist Johannes' Sendung von Gott her. Deshalb heißt er „Johannes" und nicht etwa „Zacharias". Darum lebt er anders: isst, bekleidet sich, spricht und bezeugt anders als pharisäischer Hausverstand es sich vorstellen möchte. Das Schicksal des Johannes ist es, zum „Täufer" zu werden, zum einmalig sprechenden Zeugen für die *absolute Ausnahme* im Menschengeschlecht seit Adam (vgl. Mt 1,1–17; Lk 3,23–38): für *Jesus* als den „Gesalbten" (= Messias), den (Menschen- und

Gottes-)„Sohn“ *und* das „Lamm Gottes“. Nur ein Wahnsinniger oder ein Begnadeter kann diese erstmalige Zeugenschaft für Jesu Person als Messias so exponiert auf sich nehmen: in Wort und Tat, mit Zeugnis und Taufe.

Im Sinne analytischer Sprachlogik ist es nämlich unmöglich, Absolutes gültig „unter uns“ (Joh 1,14), im Endlichen und stets Relativen „unserer“ Kulturwelt zu behaupten. Deshalb, so meinte der Philosoph Ludwig Wittgenstein, wäre es besser, über Unsagbares zu schweigen. Wer dennoch spricht, wird verdächtig. Wer Absolutes behauptet, wird alsbald enthauptet. Auch das gehört folgedramatisch zum Schicksal des Johannes, dessen Identität unlösbar mit seiner Sendung verknotet ist. Dieser „Knoten“, in dem Schicksal, Sendung und persönliche Identität des Johannes verschlungen sind, macht die dramatische und verletzliche Person des Täufers aus. Das lässt ihn Ausnahme im Outback sein und sich verstehen als „Stimme eines Rufenden in der Wüste“. Wer zu solcher bildlosen, vorstellungsfreien Selbstdefinition fähig ist, der ist nicht wahnsinnig, sondern wahrhaftig *luzid*. Der ist „erleuchtet“ von dem „Licht der Menschen“ (Joh 1,4b):

> „Es trat auf ein Mensch, gesandt von Gott; der Name war ihm Johannes. Dieser kam zum Zeugnis, damit er zeuge von dem Licht, damit alle glaubten durch ihn. Nicht war er das Licht, sondern damit er zeuge von dem Licht.“ (Joh 1,6–8)

Manche verwechseln Johannes erwartungsvoll mit *dem* „Licht“. Viele im Volk folgen dem „Anschein“ und halten Johannes „in ihren Herzen“ (Lk 3,15) für den ersehnten Messias. Eine Versuchung, der Johannes *nicht* verfällt. Er bleibt bei seinem Kamelhaar-Gewand und schlüpft nicht in die Würde des „Messias“. Johannes bleibt bei sich, d. h. er entscheidet sich für seine Identität und Sendung. Daraus erwächst ihm (Sprach-)Kraft und Selbstbewusstsein für seinen Platz und seinen Bezug zum erwarteten Messias. Er betont den uneinholbaren Unterschied (vgl. Lk 3,16–18) zwischen ihm, dem Wasser-Täufer und dem anfänglich für Johannes noch namenlos Anderen, der „mit heiligem Geist und Feuer“ (Lk 3,16a) taufen wird.

Im „Dazwischen“: Der Platz des Täufers

Ein „Gegenüber“ abzugeben und identitätsbewusst zu bleiben, das ist alles andere als angenehm und leicht. Vielmehr ist es eine Art Prüfung für die eigene Reife und Beziehungsfähigkeit: In narzisstisch-selbstgefällige Eigenbilder auszuweichen, das ist die eine häufige Fehlhaltung. Aus ihr definiert sich dann – ziemlich unrealistisch – nur, wer man nicht ist und wogegen man ist. Doch das reicht nicht für Beziehung und Sinn. Die andere Fehlhaltung ist die heimliche Selbstaufgabe, um den Vorstellungen der anderen über einen selbst möglichst zu entsprechen. Das Selbstwertgefühl, das daraus resultiert, ist eine Zeit lang angenehm falsch, so täuschend wie ein Morphiumpflaster über einer Wunde. Es macht noch kränker. Schon vor 170 Jahren nannte der dänische Denker Søren Kierkegaard diese Spaltung (zwischen Ich und projektivem Selbstbild) die „Krankheit zum Tode“. Dass sie die meiste Zeit schmerzfrei verläuft, gehört zu ihrer Heimtücke.

Der *Platz* des Johannes, den er einnehmen und aus dem er handeln muss, also der „Ort“ seiner Identität, ist das *„Zwischen“*. Nur von dorther kann er authentisch er selbst bleiben in seiner Sprache, seinem Tun und seinem Widerstand gegen das Projektive, Falsche und Ungültige; aber auch in seiner aktiven Bezugnahme, in seiner Prophetie und in seinem Erschauen („Siehe!“) des Messias.

Etwa 30 Jahre zuvor waren der Messias Jesus und sein Täufer Johannes noch Säuglinge. Beide wurden jeweils von einem männlich-weiblichen Elternpaar erwartet und erzogen. Sie waren verwandt miteinander. Man könnte sie „Vettern“ nennen. Beiden weisen die Evangelisten beachtlich weitläufige Stammbäume zu: bis zu Abraham und Adam (vgl. Mt 1,1–17; Lk 3,23–38) für Jesus; bis in die Priesterklasse Abijas und das Geschlecht Aarons bei Johannes. Diese Plätze weitreichender, ursprünglicher Herkunft werden ihnen – wie Abstammungsurkunden – zur Geburt angeboten. Die so qualifizierten Plätze sind bereit, um mit „Nach-Wuchs“ besetzt zu werden. Das geschieht auch. Die Evangelien des Matthäus und Lukas legen gleich zu Beginn ihrer Erzählungen besonderen Wert auf die geschichtlich-jüdische Verortung des Vetternpaares Jesus – Johannes: auf ihre Stammbäume, auf die Beziehung Maria – Elisabeth, die Geburt und Namensgebung, auf ihr frühes Aufwachsen in den zwei miteinander verwandten Familien und auf ihre religiöse Beschneidung und Prägung.

Dann aber verliert sich die biografische Doppelspur: Bei dem zwölfjährigen Jesus nach der Beschneidung und Bar-Mizwa (Lk 2,40: „Aber das Kind wuchs und wurde stark, erfüllt werdend mit Weisheit und Gnade Gottes war bei ihm"), bei Johannes mit der ebenfalls offenen Formulierung:

> „Aber das Kind wuchs und wurde stark dem Geist und er war in einsamen Gegenden, bis zu dem Tag seines öffentlichen Auftretens vor Israel." (Lk 1,80)

In historisch-kritischer Untersuchung ließe sich unschwer feststellen, dass etwa 20 Lebens- und Entwicklungsjahre fehlen für eine eher lückenlose Biografie der beiden Vettern aus orthodox jüdischen Familien. Versteht sich, dass diese „Lücke" sich sowohl in der „Leben-Jesu-Forschung" auftut als erst recht im Nachforschen nach dem jahrzehntelangen Verbleib des Johannes, der unversehens in der Wüste am Jordan auftaucht und seine (Bekehrungs-)Ansprüche stellt. Mit den sogenannten „Lücken" in der Logik der biografischen Abfolge verhält es sich wie mit jedem Vakuum: Es zieht aktiv seine Füllung an, sei es mit Sauerstoff, sei es mit Fantasien, mit Hypothesen, mit Esoterik oder „Apokryphen Schriften". Eine Vielzahl „Apokrypher Evangelien" und Splittertexte möchte seit der Antike bis heute genauer aufklären über Kindheits- und Jugendentwicklung der den Evangelientexten entschwundenen *„Zwei"*.

Wissen die Apokryphen also mehr oder (vielleicht schockierend) anderes als die signifikant ausgewählten, kanonischen vier Evangelien? Wurden die Apokryphen vielleicht gerade deshalb bereits von der frühen Kirche nicht in den Kanon der Heiligen Schriften mit einbezogen? Alle Jahre wieder, meist zur Weihnachts- und Osterzeit, werfen die Medien diese Fragen auf und in hohen Printauflagen aus. Man könnte rückfragen: Wenn einer viel weiß, weiß er dann „mehr"? Nicht unbedingt. „Mehr" ist nicht gleichsetzbar mit „besser" und Produktivitätssteigerung nicht mit Qualitätsverbesserung. Das gilt auch für die biblischen Texte, für deren Gefüge, Symbolik und zahlenmäßige Eingrenzung. Die vier Evangelien haben jeweils ihren eigenen Platz im einander ergänzenden Gefüge der „Heiligen Schrift" des Neuen Testaments, das sich wiederum in Sinn erschließender Einheit *und* Differenz zum Alten Testament verhält. Die „Heilige Schrift" der Christen – weltweit und gleichgültig welcher Konfession – ist die „ganze" Schrift. Das griechische „holos" meint nämlich „heilig" im Sinne von „ganz". Die *ganze* Bibel, darunter die vier Evangelien, ist sprachlicher „Platz"-Halter und umfassender Bezeuger für *den* Heiligen und *das* Heilige im vermeintlich nur Profanen, Zeitlichen und allzu Menschlichen.

So wie die vier Evangelien in Bezug zum *Ganzen* (griech.: holos) der *Heiligen Schrift* ihre Plätze finden im Zusammenhang des *Neuen* Testaments, so findet Johannes neben Jesus seinen vom Sinn geführten, nicht austauschbaren Platz und Stellenwert in jedem der vier Evangelien. Kein Evangelium ohne Johannes! Er bringt nicht nur die Botschaft und Zeugenschaft für Jesus *als* Christus. Johannes ist selbst not-wendiges Element im Heilsanspruch und Heilsdrama des Neuen Testaments. Das im eigentlichen Wortsinn Besondere an ihm, das ist sein Platz im *„Zwischen"*. Der gehört unablöslich zu seinem Sendungs-Schicksal, zu seiner Identität als „Rufer" und Täufer. Sein Platz im Dazwischen schafft seine Einmaligkeit und vielleicht seine Einsamkeit. „Vor" Israel, d. h. „gegenüber" von Juda, perspektiviert sein Wirken grenz-wertig das „alte" Israel, geprägt vom mosaischen Gesetz, von Religionspolitik und Korruption. Zwischen dem, was seine Herkunft ausmacht und seine Hinkunft auf den neuen Äon des Messias bestimmt, wirkt Johannes. Stets wird er den Platz einer Zwischenfigur einnehmen, zwischen öder Wüste und kulturreichem Juda am Grenzfluss Jordan; zwischen alter und neuer Prophetie; zwischen den alten Propheten und ihm, dem prophetischen Wüstenasketen der „Heuschrecken und des wilden Honigs"; zwischen ihm aufgezwängten Messiasprojektionen und seiner Ausrufung des wahren Messias; zwischen Bedrohung und Bezeugung; zwischen Prophetenleben und baldiger Ermordung.

Schließlich sei noch auf das erste und anfängliche „Zwischen“ hingewiesen, welches das Menschleben des Johannes generiert. Wie jeder Mensch nach Adam und Eva ist er der „Dritte“, nämlich Kind und Sohn zwischen den zwei Eltern Elisabeth und Zacharias. Zur (früh-)kindlichen Ich- und Identitätsbildung jedes Menschen gehört diese orientierende und schützende Zwischenposition, die das Kind gestalterisch aufleben und heranwachsen lässt. Auch bei Johannes ist das in biblischer Darstellung so und zugleich eine „Vierteldrehung“ anders: Er sollte den Stammbaum weiterführen, dem Vater nachfolgen und selbst wieder „Zacharias“ heißen. Doch diese Wiederholung lässt eine jenseitige, alles Geschehen und alle Geschlechterfolge ausrichtende höhere Macht nicht zu: Der Engel, Bote des Allerhöchsten, verlangt zwingend eine Abkehr von der Namenswiederholung: „Du sollst nennen seinen Namen Johannes.“ (Lk 1,13b)

Schon durch die gottgewollte Namensgebung wird über eine Trennung der Namen von Vater und Sohn ein „Zwischen“ geschaffen, in das Johannes hineingeboren und namentlich signifiziert wird: Zwischen der traditionsbewussten Opferspiritualität seiner Ahnen und seiner geistigen Suche wird Johannes wachsen und stark werden „im Geist“ (Lk 1,80). Er wird sich hinaus wagen „in einsame Gegenden“ (Lk 1,80). Viele Jahre lang wird er sich entziehen, sodass keine Biografie sein Leben mehr „komplett“ fassen kann. Zeitgleich mit Jesus wird er wieder eintreten in die große Heilsdramatik, um in ihr Katalysator zu sein: „Und Jesus war bei seinem Auftreten ungefähr 30 Jahre alt, seiend ein Sohn, wie geglaubt wurde, Josefs [...].“ (Lk 3,23a)

Was sich formallogisch und biografisch als (zu schließende) „Lücke“ ausnimmt, also als „Mangel“ an stringenter Erzählung, wird in der Pendelbewegung von *Da – Fort – Dort* zum anderen Zeit-Ort, zu einem unsagbaren Mysterienort, in dem sich für Johannes Transzendenz vollzieht: zum anderen seiner selbst. Er bleibt Johannes und wird – den Augen der Welt entzogen – zu Johannes dem Täufer, der sich seines Auftrags und der Zeit seiner *Wiederkehr* bewusst geworden ist. *Zwischen* diesem Mysterium und seinem öffentlichen Wirken, dazwischen oszillierend *ist* Johannes die „Stimme eines Rufenden“.

„Rufen", das heraufführt und wandelt: Verkündigung als Vergegenwärtigung von Heil

Auf die pharisäische Frage, *wer* er sei (vgl. Joh 1,19), antwortet Johannes *ohne* Selbstbilder und *ohne* seinen beachtlichen Stammbaum zu präsentieren. Solche Bilder wären zwar zur Vorstellung verführerisch naheliegend. Die Geschlechtsregister brächten zudem mit ihrer Abstammungslogik ihre eigene Legitimation für das Wirken des Wüsten-Menschen. Dennoch wären sie allesamt imaginär, auf Diskussion und Glaubwürdigkeit angelegt. Die aber ist leicht zu verweigern und unversehens zu entziehen. Jene nämlich, die ihn nach seiner Identität und Handlungsautorität fragten, waren Meister der Negation und deren talmudischer Kasuistik. So gesehen hätte die Frage zur Antwort *ver*führt, nicht *ge*führt.

Johannes weicht allerdings der Grundfrage, *wer* er sei, nicht aus. Er beantwortet sie nicht vom Imaginären der Selbstbilder her, sondern seine Antwort bezieht sich – jenseits des Optischen und Anschaulichen – auf seine *Stimme* und deren *Rufen*. So unverwechselbar wie der Fingerabdruck ist der Stimmabdruck eines Menschen. Die Stimme eines Menschen ist *seine* Stimme. Sie identifiziert ihn sofort und diskussionslos anders als ein Stammbaum oder Diplome. In seiner Stimme ist jeder Mensch ganz leibnah er selbst. All unsere Emotionen, Begehrnisse, Wünsche und Ängste können die eigene Stimme einfärben, anreichern, überlagern und verstellen, aber mehr *nicht*. Die Stimme eines Menschen ist, um ein altes Gleichnisbild aufzugreifen, wie der „Esel", auf dem die Worte und Aussageformen „reiten", vom Schreien über das Befehlen bis zum Sagen und Singen eines Liedes.

Ohne die *Lieder* wäre übrigens die Stimme, die die Heilige Schrift ist, nicht sie selbst. Ohne sie gäbe es keine Psalmen und Klagelieder, kein „Hohes Lied der Liebe" und auch keine ange*stimmten* Hymnen zur Verheißung (Lk 1,46–56) und Geburt (Lk 2,14) Jesu. Fehlen würden der „Lobpreis des Simeon" (Lk 2,28–32) und Hannas (Lk 2,36–38) über die Wahrheit der Sendung Jesu: Folgt man dem Evangelisten Lukas, so vereinigten sich Hannas und Simeons Stimmen womöglich zu einem prophetischen Duett, einem biblisch einmaligen Wechselgesang (Lk 2,38) zu den Wechselfällen im Geschick Israels und im soeben angebrochenen Leben Jesu.

Und einige Wochen zuvor, bei der Geburt des Johannes, wird dessen eigener Vater Zacharias „voll des Heiligen Geistes" (Lk 1,67) zum hymnischen Bekenner über das heilsame Schicksal für das Bundesvolk Israel: Johannes, so betont er, wird nicht nur „Prophet des Höchsten" (Lk 1,76) genannt werden. Mehr noch: Johannes wird „vor dem Herrn einhergehen, seine Wege zu bereiten" (Lk 1,76). Wenn Johannes ca. 30 Jahre später sich auf seine „Stimme" berufen wird als Ausweis seiner Identität, dann erinnert dies an seine Vor- und Geburtsgeschichte sowie Beschneidung, an die Stimme seines Vaters vor den Ohren des neugeborenen Sohnes: Es erinnert an einen prophetischen Lobpreis mit eigener Schwingung.

In den „alten" Sprachen der (Früh-)Antike sind die *Sprechgrenzen* noch bedeutsam anders als in den Gebrauchs- und Informationssprachen heute: Noch der gebildete Römer zur Zeit der Geburt von Johannes und Jesus, las *laut*. Er konnte gar nicht anders als mit seinem Mund in leiser oder lauter Stimme lesen. Bis heute ist für den Vor-Leser bzw. Vor-Beter und Kantor im synagogalen Gottesdienst seine Stimme entscheidend wichtig. Sie braucht nicht auffallend laut zu sein, sie braucht allerdings „Körper", Resonanzraum und Wohlklang, um sanglich zu schwingen im Sprechgesang der Liturgie. Die Heilige Messe darf der katholische Priester „lesen", aber das Hochgebet in der Messe sollte er mit sanglicher Stimme beten, womöglich auch das Evangelium so der Gemeinde vortragen.

Stimme, Stimmung, Gesang und Wein haben diese Qualitätsanforderungen gemeinsam: nach Verdichtung, „Körper" und Schwingung. Poesie ist für die Griechen „Verdichtung" (griech.: poiein = verdichten, schaffen). Genauso verstanden die Hebräer das Lied bzw. Gedicht (hebr.: schir = Verdichtung, Lied). Wenn Mose und seine Schwester Mirjam ihr „Lied" singen (Ex 15,1–21), dann gedenken sie heilsgeschichtlicher Momente: Dann danken sie Gott in *verdichteter* Nacherzählung für seine Gnade, nämlich für das ihnen bzw. Israel widerfahrene Heil des befreienden Auszugs aus Ägypten. Sie „singen" vom anderen Ufer des Schilfmeeres her im dankbaren Rückblick auf Gottes Gnadenwirken. Ob biblische Heilserzählungen oder außerbiblische Mythologien, sie kommen nicht aus ohne das singende, schwingende Element; ohne den (Sprech-)Gesang mit der überragenden Wirkung des Phonetischen und Rufenden.

Die Vergegenwärtigung von Geschehen(d)em und Wahrem ereignete sich beim archaischen und später antiken Menschen primär durch das Ohr und das Hören, wie bilderreich und anschaulich die Erzähltexte sich auch präsentierten. Der Ruf: „Höre, Israel, höre" (Dtn 6,4) ist keine rhetorische Leerformel in der Thora und bei den Propheten, sondern die Schwelle und Grundbedingung, um mit dem Wort und dem *Heiligen* in Beziehung zu geraten. Im Neuen Testament wird der Nachdruck für ein Leben im Glauben ebenfalls auf das Hören und den Ruf des Evangeliums gelegt: Der Glaube kommt vom Hören, und das Hören braucht die Verkündigung. In unserer multimedialen Kultur geht der Vorgang des Hörens *vor* dem Sehen rapide verloren. Der Kurzschluss von Sehen mit Hören, also des Imaginären mit dem Wörtlichen, erwirkt neue, teils fiktive Gebilde von Design mit zugeordneter Realität. Digital verschiebt sich das menschliche Verhältnis zur Kreativität im projektiven Raum mit seinen nicht nur unendlichen (Ersatz-)Möglichkeiten, sondern mit entgrenzter Beschleunigung. Beides dient der Fiktionalisierung statt der natürlichen Verbindung von: hören und sehen, schweigen und sprechen, stillsein und wahrnehmen. „Rufen" wird unversehens zur Reklame und Hören zur digitalen, alsbaldigen Anschauung in Kurzzeitintervallen.

Von all diesen postmodernen Verflachungen sind das Rufen, Sprechen und Bezeugen der biblischen Texte qualitativ abgesetzt. Allerdings verlangen sie nach dem aufmerksamen „Hörer" des Textes. Die Bibelsprache ist nicht aufdringlich wie beispielsweise Werbung. Zugleich wird sie durchzogen von appellativer Sprachkraft, einem Rufen und Berufen, das bald göttlich-kosmische Dimensionen (wie im „Halleluja" der Psalmen), bald personelle Konkretisierung erfahren kann. Johannes ist solch ein konkreter

„Rufer", zwar in der Wüste, aber bald schon mit realem vis-a-vis, d. h. mit Menschen, die in ungeahnter Menge von ihm „herausgerufen" werden. Übrigens kommt das deutsche Wort „Kirche" vom griechischen „Ekklesia" und bezieht sich auf die „ekklesioi". Damit bezeichnet es die „Herausgerufenen" und „Berufenen". Dabei war Johannes im alttestamentlichen Sinn gerade kein „Kohelet" (hebr.: kol = alle(s), ganz), kein „Gemeindemacher", der durch sein Rufen auf Dauer gemeindebildend wirken wollte. Zwar gibt es die „Jünger des Johannes" (vgl. Joh 1,37; 3,25 u. v. a.), die er „zu beten" lehrte (Lk 11,1), aber „Kirche" zu gründen, das war nicht seine Absicht.

Was er an wem tut, wirft ein Licht auf die Eigenart seiner Person und seines originellen Verkündens: Johannes wird in allen Evangelien übereinstimmend präsent: Bald kurzformatig und silhouettenhaft, bald eindringlicher und wendungsreicher, d. h. „vers"-reicher. Stets bleibt er der asketisch-prophetische *Rufer, Täufer* und *Bezeuger/Lehrer*. Unter diesem Dreigestirn vollziehen sich die Szenarien seines kurzen Lebens. Er ruft (die Massen) auf mit seiner Verkündigung zur „Umkehr" und vollzieht die Jordan-Taufe an all denen, denen es ernst ist mit ihrer unbedingten Hinkehr zum Gott des (Abraham-)Bundes. Die Wasser-Taufe wirkt als Bestätigung der Umkehr und deren erhofftes Fortwirken in der Zeit. Viele lassen sich unter seinem Ruf und dem Zeichen der Umkehr in fließendes Wasser symbolisch eintauchen. „Wasser" und (fließende, vergehende) „Zeit" sind im Hebräischen ein Wort im Plural, nämlich „majim". Johannes vollführt an den Berufenen einen (Reinigungs-)Ritus der Erneuerung ihrer Lebensperspektive. So richtet er sie neu aus und lässt sie hoffen, nicht zuletzt auf den Messias. Sein „Rufen" ist kein Schreien, sondern Sprache. Seine Taufe vollzieht er nicht an allen, sondern in Auswahl: Den „Pharisäern und Sadduzäern" (vgl. Mt 3,7) verweigert er sie. Während seines Verkündens (Mt 3,1), das mit „predigen" nicht gleichbedeutend ist, „sieht er Jesus zu sich kommend" (Joh 1,29) und bezeugt ihn als „Lamm Gottes". Sein „Sehen" ist zugleich sein (An-)Erkennen des Jesus von Nazareth als „Sohn Gottes".

An den „Herausgerufenen" also vollzieht Johannes die Taufe als symbolisches und wirkmächtiges Ritual der Umkehr. Es sind die Vielen (griech.: olchoi = Volksmenge), denen er verkündet und die er tauft. Dadurch verlebendigt er mit deren Glauben an den treuen Bundes-Gott auch deren Messiaserwartung. Jesus ist der *Eine*, den er bezeugt: als „Sohn Gottes", d. h. als Messias und als „Lamm Gottes". Das Rufen (Verkündigen), Taufen und Bezeugen des Johannes bezieht sich also auf die *Vielen* und den *Einen*. Symbolisch figuriert ist es das Verhältnis, auf das er sich rufend und handelnd einlässt, um seine Sendung zu vollführen. Deshalb widerstrebt ihm das Ansuchen Jesu, sich von ihm, Johannes, taufen zu lassen. Johannes versteht es zunächst als Gleichmacherei des Einen unter die Vielen, d. h. als sinnwidrige Unterordnung des Messias unter ihn, den Täufer, der nicht „würdig" (griech.: axios = wert, würdig) sei, Jesu „Riemen der Sandalen" (Joh 1,27) zu lösen.

Auf ihn, den ankommenden Messias, konzentriert sich in allen Evangelien das Rufen/Verkünden und Taufhandeln des Johannes. Auf ihn hin, auf Jesus, bereitet er in Wort und Tat die Vielen, die „Volksmenge" (Lk 3,7), *kompromisslos* vor. Nicht etwa eine Kirchengründung ist das Begehren des Täufers, sondern die Vollführung der hymnischen Prophetie seines Vaters Zacharias (Lk 1,67–79). Der entscheidende Unterschied dazu ist freilich der, dass der Priester Zacharias den Messias noch anonym weissagte. Den Namen dessen, der all die verheißenen Erlösungstaten an Israel vollführen soll, kennt er nicht. Sicher ist sich Zacharias in seiner vom Geist inspirierten Rede, dass sein Sohn Johannes der „Prophet des Höchsten" (Lk 1,76) sein wird. Zu dieser Sendung ist er gezeugt, geboren und mit dem Namen „Johannes" (d. h.: „Gott hat Gnade gewirkt") benannt worden, um bereits in diesem Namen die „Gnade" durch den Messias zu symbolisieren.

Das „Rufen" und – im weiteren Sinn – das Verkündigen des Täufers kommen nicht nur aus seinem Leib und Kehlkopf. Sie bedürfen nicht nur seiner „Stimme" und Sprache. Sein Leib ist nicht „Eigentum" des Rufers, sondern „Sinnorgan" (Viktor Frankl). Darüber kann und will Johannes nicht autonom – frei nach Stimmung und Gutdünken – verfügen. Dasselbe gilt für sein Sprechen und Verkündigen. Wie erweckend auch, einen historischen und lebensgeschichtlichen Moment lang, der Deutungsanspruch und die Deutungshoheit des Täufers gewesen sein mag, Johannes ist längst schon eingestimmt und vorbestimmt auf die Eigenart seines Rufens, d. h. auf den einmaligen Eigenwert seiner Botschaft. Johannes ist ganz und gar Prophet, der freimütig das verkündet, was er – einem inneren und höheren Anspruch gewissenhaft folgend – öffentlich zu machen hat. Diesem Anspruch und Auftrag ist er als Person unterstellt. Daraufhin entwickelt sich, ihm selbst vielleicht (zunächst) unbewusst und lange Zeit „in einsamen Gegenden" (Lk 1,80), seine Persönlichkeit. Sie zeigt sich kompromisslos und hingebungsvoll zugleich. In seinem Rufen tönen – Johannes wohl unbewusst – die Botschaft des Engels Gabriel (Lk 1,11–17) und die hymnische Prophetie seines Vaters (Lk 1,68–79) nach. Diese väterliche, vorauseilende Hymne nimmt sich aus wie Komposition der polyphonen Prophetien und Verheißungen, welche das Alte Testament (lat.: testamentum = Zeugnis) zum tönenden Zeugnis des Neuen werden lassen.

Im „Rufen" des „Rufenden in der Wüste" schwingt eine Polyphonie von Hoffnung und glaubensmotivierter Erkenntnis des Heils, das in der gottgegebenen Ankunft des „Gesalbten" anbrechen wird. Diesen epochalen „Riss" in der Geschichte (Israels *und* aller Völker), der *universelle Heilsgeschichte* werden lässt, ersehnten all die Generationen der Stammbäume Jesu und des Johannes. Wie aussagekräftig, dass diese Genealogien beim Evangelisten Lukas (Lk 3,23–38) nirgendwo anders einwurzeln als bei Adam (Lk 3,38) und dem Schöpfergott selbst! Heil für *alle* Menschen, für das in Gott ursprüngliche Menschengeschlecht, das ist der universelle Horizont des „Rufenden". Übrigens darf man die Bibel auch gerade deshalb „Heilige Schrift" nennen, weil sie Heil für das *ganze* Menschengeschlecht verkündet (griech.: holos = ganz, heil[ig]).

Das „Rufen" des Johannes, so wie es alle Evangelien ihren Hörern mitteilen, richtet sich aus Wüste und Einsamkeit heraus, hinüber zu den Menschen Israels. Weil es alle betrifft, motiviert es Scharen von Pilgern, Schaulustigen, Priestern und Leviten, Pharisäern und Sadduzäern (vgl. Mt 3,7), dem Ruf zu folgen, noch bevor er zur inhaltlichen Verkündigung wird. So wirkungsvoll waren die Stimme und das Rufen des „Menschen, von Gott gesandt“ (Joh 1,6), dass sie in der Synopse aller Evangelien unwiderruflich den Anbruch des Neuen, Messianischen bezeugen und mitbewirken. Es ist ein Rufen, das heraufführt und wandelt: Unwiederholbar zu seiner Zeit, sodass es bis heute und bis in die Apokalypse nachhallt. Man mag es verleugnen und zum bloßen Echo des Zeitgeistes verkürzen wollen, aber das „macht nichts“ im Doppelsinn der Redewendung. Es wirkt weiter und wendet sich je neu und anders an seine Hörer.

Das „Wort Gottes“ als Zäsur: Wendepunkt für den „Sohn des Zacharias“

Woher kommt dem Sohn des Zacharias sein „Rufen“? Ein Verkündigen, das die Vielen und den Einen, die Mächtigen und die einfachen Leute (griech.: olchoi) so unwiderstehlich provozierte, dass sie zu ihm hinauskamen, ihm zuhörten und viele sich von ihm taufen ließen. Man könnte annehmen, der ausgreifende Charme des 30-Jährigen, dem selbst Herodes sich nicht entziehen konnte (vgl. Mt 14,9: „Und der König war *traurig* [...]“), wäre der Grund dafür. Die asketische Persönlichkeit des Täufers habe sich einsam und diszipliniert entwickelt, um schließlich in ihrer besonders ansprechenden Eloquenz die einen wie die anderen anzuziehen, selbst den gleichaltrigen Jesus auf sich aufmerksam zu machen. Kurzum: Die wirksame Rhetorik des Johannes sei also ein Resultat seiner guten Herkunft und biografischen Entwicklung, die in der Wüstenzeit und Einsamkeit ihren individuellen Schliff erhalten habe. So hätte sich der Priestersohn Johannes hochstilisiert zum Asketen mit Anspruch auf die Glaubwürdigkeit seiner Messias-Botschaft.

Diese Sichtweise auf den Täufer dürfte umso plausibler bleiben, wenn man eine entscheidende Mitteilung des Lukasevangeliums überliest bzw. in ihrem Aussagegehalt ignoriert. Die damit dann veränderte Lesart dreht sich um *einen* Vers, nämlich:

> „Zur Zeit des Hohepriesters Hannas und Kajaphas kam das Wort (griech.: rhema) Gottes zu Johannes, dem Sohn des Zacharias, in der Wüste.“ (Lk 3,2)

Weil das „Wort Gottes“ zu Johannes kommt, geschieht ihm eine *Zäsur*. Das „Wort Gottes“, nicht etwa sein eigenes, bewirkt den *Wendepunkt* für den „Sohn des Zacharias“. Es ermächtigt ihn zum „Rufer“ mit prophetischer Verkündigung, die Johannes unverzüglich übernimmt. Er verlässt die Wüste und „geht“. Wohin?

> „Und er ging in das ganze Umland des Jordans, verkündend eine Taufe des Umdenkens zur Vergebung der Sünden/Verfehlungen [...].“ (Lk 3,3)

Was ist das für ein „Wort Gottes“, das Johannes „im 15. Jahr der Alleinregierung (Hegemonie) des Kaisers Tiberius“ (Lk 3,1) betrifft und in Bewegung bringt? Jedenfalls wirkt es wie ein „Ochsenstachel“, dem hebräischen Bildwort für „30“, das den etwa 30-Jährigen (vgl. Lk 3,3) wie ein „Stock“ antreibt, weg aus dem Inneren der Wüste und hin an die Jordanperipherie.

Für dieses, im eigentlichen Wortsinn „an-stößige“ „Wort Gottes“ wählt Lukas nicht den Begriff „Logos“ (Wort, Sinn) sondern „Rhema“. Das enthält die primären Wortbedeutungen von: *Befehl*, Botschaft, Lehre, Ausdruck. Wortgetreu und sinngemäß übersetzte deshalb bereits Martin Luther „rhema“ mit „Befehl“. Diesem ausdrücklichen Befehlswort Gottes ist Folge zu leisten. Jesaja, Jeremia, Elija taten dies, wie alle alttestamentlichen Propheten außer Jonah, dem Widerspenstigen. „Gottes Wort“ als „rhema“ ist ihnen (fast) allen Befehl. Unter dessen Imperativ vollführen sie ihre Sendung, und zwar kompromisslos. Erst der Empfang von „rhema“ macht den „Sohn des Zacharias“ zum Propheten, der in Vollmacht verkündet und tauft. Kein Prophet, nicht einmal Jonah, wirkt eigenmächtig. Johannes auch nicht. Ansonsten wäre er nichts weiter als einer der zahllosen falschen Propheten: „Propheten“ mit Gefälligkeitsbekundungen, voller Verführung, aber ohne „Befehl“ zum wahren Sprechen.

Der Moment, in dem der „Sohn des Zacharias“ zu Johannes dem (taufenden) Propheten *wurde*, ist ein der Schaulust entzogenes, verborgenes Mysteriengeschehen: Es hat *keine* Zeugen (mehr). Damals, zur Beschneidung und Namensgebung des Johannes, spricht sein Vater „voll heiligen Geistes“ (Lk 1,67) die himmlische Verheißung, dass sein Sohn einmal „Prophet des Höchsten“ (Lk 1,76) sein wird. Die ganze „Nachbarschaft und Verwandtschaft“ (Lk 1,58) hörte erstaunt zu. In dem Augenblick, in dem „Gottes Befehl“ an ihren Sohn ergeht, können weder Elisabeth noch Zacharias Zeugen sein. Vielleicht leben sie nicht mehr. Niemand ist Zeuge dafür, wie die Verheißung sich abseits der Menschen als „rhema“ *an* und *in* Johannes vollzieht: Ein Initialgeschehen (lat.: initium = Anfang, Beginn) ist es, das Johannes zum Propheten *wandelt*. So bleibt er einerseits Johannes und wird andererseits durch „Gottes Wort“ zum anderen seiner selbst. Sein „Rufen“

wird Jesus begleiten und ultimativ bestätigen. Johannes' öffentliche Zeugenschaft für seinen gleichaltrigen Verwandten Jesus als Christus-Messias fasst ihren spirituellen Ursprung im Mysterium des „Gottesbefehls", der sich an Johannes ohne menschliche Zeugen vollzieht: in der Wüste als „rhema", das Johannes betrifft und das er akzeptiert.

Damit kehrt sich die *Sohn-Vater-Beziehung* des Johannes um: Er, der „Sohn des Zacharias" wird als „Täufer" zum *geistigen Vater*, zum bezeugenden Verkünder, für den „*Sohn* Gottes". Johannes wird Jesus initiieren, indem er ihn – auf dessen ausdrückliche Entscheidung hin – mit Wasser tauft. Jesus wird der sein, „der mit dem Heiligen Geist tauft" (Joh 1,33), aber erst nachdem er durch das Mysterium der Jordan-Taufe des Johannes vom *„Geist" bestätigt* wurde.

3 Die Begegnung der „Zwei“: Johannes und Jesus

Kairos der Begegnung: (An-)Erkennen Jesu als Messias statt mythischem Verkennen

Zur Persönlichkeit des Johannes als Täufer gehört, dass er *nicht* an Jesus von Nazareth als dem ihm bekannten Verwandten und Gleichaltrigen festhält, so als wären dies unbedingt gültige Merkmale des (Wieder-)Erkennens. Damit würde er Jesus fälschlich als allzu menschlich verkennen. Friedrich Nietzsches geflügelte Kritik „Was bekannt ist, ist erkannt“, trifft eben nicht auf die Beziehung des Johannes zu Jesus zu. Er bleibt *nicht* fixiert auf den ihm „bekannten“ Jesus, sondern lässt als neues Erkennen zu, *wer* Jesus in Wahrheit ist, nämlich der erhoffte Messias. Johannes ist der erste, der diese geistliche und menschliche Großtat vollzieht, Jesus *öffentlich* als den anzuerkennen, der er im Heilswillen Gottes von Anfang an ist.

Was am Jordan damals unter den Augen der Öffentlichkeit zur Handlung und (Aus-)Sprache kam, wurde zum einzigartigen *Geschehen der Anerkennung*. In der Weltgeschichte bleibt es ebenso einmalig wie unwiederholbar, obwohl realgeschichtlich und bis in die neutestamentliche Apokalypse hinein immer wieder falsche Propheten und Antichristen auftreten werden.

Während in der ausufernden antiken Mythologie wie insbesondere in den erschütternden Tragikdarstellungen der griechischen Dramatiker der „Kairos“ sich nicht fassen lässt, weil er sich den sterblichen Menschen in seiner Erkennbarkeit entzieht, bestätigen die Evangelien ein grundsätzlich anderes Wahrheitsgeschehen. Es trägt sich zu jenseits der mythologischen Wahrheit mit ihrem (mythischen) Verkennen des Wahren, so wie es sich gerade einstellt und als „günstige Gelegenheit“ (Kairos) vollzieht. Philemon und Baucis, die beiden braven Alten, erkennen in Ovids Mythologie („Metamorphosen“) die Götter nicht, obgleich sie diese beherbergen. Ödipus, der „Schwellfuß“, erkennt in dem Moment, in dem er den König Laios erschlägt, seinen Vater nicht. Was im Mythos nachträglich bleibt, ist Staunen über das Unfassliche und Entsetzen über das Irreparable. Mit dem *Ver*kennen als fatalem Ersatz für das Erkennen dessen, was sich zeigt und (nur kurzzeitig) vergegenwärtigt, kann es unmöglich zur zutreffenden Anerkennung des Realen kommen. Das Reale als das, was geschieht, wird von Irrtum und (Selbst-) Täuschung unterlaufen und von falschen Vorstellungen ins Misslingen verdrängt. Darüber klagen dann Tragödie, Menschen und Götter vergeblich.

Aber in der Jordanszene, die alle vier Evangelisten auf ihre je eigene Weise ausleuchten, kommt es zur heilsgeschichtlichen *Ausnahme*: Es *gelingt* Begegnung im Erkennen und als Anerkennung, sodass dem Erkannten dadurch öffentliche Gerechtigkeit widerfährt: Johannes, der „Rufer“, veröffentlicht Jesu messianische Identität sogleich vor den Vielen. Er tut dies in seiner Zeigehandlung („Siehe!“) auf den Einen hin, vor den Augen und Ohren eines gefährlich durchmischten Publikums. Kurzum: Johannes wagt etwas Einmaliges und bis dahin Unerhörtes. Er nimmt den Kairos „wahr“. Er deckt die Identität Jesu als Christus auf.

Die Evangelien sind weder mythologisch noch idealistisch in ihrem Erzählen, sondern realistisch: Sie blenden die mythisch-menschliche Dimension des Verkennens, Aberkennens, Verleugnens und Verdrängens nicht aus. Ihr ganzheitlich-mehrdimensionaler Wirklichkeitsbezug wie ihr Verkündigungsauftrag lassen das nicht zu. Was den Kairos der Begegnung Johannes – Jesus anbelangt, so schwindet er wieder. Er verschwindet zwar im schnellen Fortlauf der biblischen Geschehnisse, aber seine aufgedeckte und in Sprache ausgerufene (Christus-)Wahrheit bleibt. Stets erneut wird im Geschehensfluss der Evangelien diese Wahrheit der „Sohn Gottes“-Identität Jesu verdrängt, verfälscht und verleugnet werden. Die Negation der Wahrheit um den Messias wird sich in perfiden Varianten in die „Passion Jesu", also in seine Leidensgeschichte hinein, steigern. Die Wahrheit jedoch bleibt: bald untergründig, bald als essenzieller Anspruch des Evangeliums selbst.

Wer ist der Messias? Johannes, vom Geist geführt, authentisch im Bezeugen

Nachdem der „Befehl Gottes" (rhema) an Johannes in der Wüste ergangen war (vgl. Lk 3,2) und ihn an den Jordan führte, erwartet er dort die Ankunft des Messias. Folgt man allein der biblischen Darstellung und Deutung, so „weiß" Johannes zunächst *nicht* um die konkrete Person des Messias. Wer der „Gesalbte" sein wird, dessen war er sich (noch) nicht sicher. Hingegen wirkte er am Jordan in dem geistgeführten Bewusstsein, dass dort die Ankunft des Messias von ihm zu erwarten sei, denn der „steht schon mitten unter" (Joh 1,27) denen, die sein Kommen immer noch bezweifeln (vgl. Joh 1,24–27). Wohl der Ort, aber nicht die Person des „Messias" (griech.: Christos) war von Johannes identifiziert.

Dann aber, „im Folgenden" (Joh 1,28a) geschieht es: Jetzt erst vollzieht sich der Kairos dynamisch im Herannahen Jesu auf Johannes zu. Wörtlich sagt der Text:

> „Im Folgenden sieht er den Jesus auf sich zukommend [...]."
> (Joh 1,29)

Zunächst mag es nur die Silhouette irgendeines Menschen gewesen sein, die Johannes aus der Ferne zu sehen begann. Im Näherkommen kann er den Fremden als Jesus identifizieren, der ihm verwandt und wohl nicht unbekannt war. Das alles, so könnte man sagen, ist „natürlich": Der übliche, jedem Menschen erfahrungsgemäß bekannte Erschließungsvorgang am Unbekannten, das man im Näherkommen zuordnen und womöglich als „bekannt" einordnen kann. Zugleich jedoch, während der Hin-Bewegung Jesu auf den Täufer zu, stellt sich bei dem besonderes Erkennen ein: Dieser (ihm nicht unbekannte) Jesus wird ihm in einem illuminierten, gnadenvollen Augenblick erkennbar als der „Christus", als das „Lamm Gottes". Von dieser Erkenntnis ist Johannes zuinnerst betroffen. Er hat sie sich nicht ausgedacht. Sie betrifft ihn und geschieht ihm so spontan im „Sehen" des nahegekommenen Jesus, dass er sie sofort – wie in einem „Befehls-

Wort“ (rhema) – „aussagt“ (griech.: legein = sprechen, sagen; vgl. Joh 1,29), nicht ausruft:

> „Siehe, das Lamm Gottes aufnehmend die Sünde/Verfehlung (hamartia) der Welt.“ (Joh 1,29)

Sehen und Erkennen fallen schließlich zusammen im Aussagen (legein), dem einmaliger Erkenntnis- und Bekenntniswert zukommen. Der Rufende wird jetzt zum Sprechenden, dessen Sprechen als Ausdruck und im Sinn des Bekenntnisses geschieht: ohne „Wenn und Aber“, als klare Aussage, ohne „vielleicht“ und ohne Konjunktiv. Johannes ist sich dessen sicher, was er – im Moment des Kairos – sieht, erkennt, anerkennt und bekennt. Zwar spricht er zu den ihn umgebenden, den Anderen. Aber er ist nicht (wie so mancher Prophet) in Ekstase. Johannes ist nicht „außer sich“, sondern vollkommen „bei sich“. Das verrät seine Sprache. Seine (be)deutende Aussage mag theologisch als „Täufer- Bekenntnis“ gewertet werden. Wie auch immer: Der Johannes der Evangelien ist vorbehaltlos identisch mit seiner spontanen Verkündigung, und doch „macht“ er sie nicht. Sie ist Sprache, öffentlich geäußerte, die sich in ihm, in seinem Leben und schließlich in seinem Erkennen verdichten konnte, ohne dass er sie konstruiert hätte. Gabe und Aufgabe ist es ihm, zu sagen, was wer ist. In seinem „wahren Sprechen“ ist Johannes im Kairos der Begegnung geistinspiriert er selbst, und zugleich – wie paradox das auch klingen mag – ist er ein anderer.

Jeder Kairos birgt die Chance zur Transformation von Mensch und Masse. Viele um Johannes werden seiner Zeugnisgabe glauben und die Wasser-Taufe empfangen. Zumindest manche von ihnen werden das Jordanufer verändert verlassen, jedenfalls anders als sie es zunächst aufsuchten. Das gilt insbesondere für „zwei Jünger“ (Joh 1,37) des Johannes:

> „Und es hörten zwei Jünger ihn [= Johannes] reden und folgten Jesus.“ (Joh 1,37)

Alles das trägt sich *durch* Johannes am Jordan zu, ohne dass er um den Ausgang von alledem wissen würde. Wie sagte doch in Gerald Kershs Kurzgeschichte der alte Feldwebel zu einem seiner drei Tischnachbarn auf dessen Frage, „Wo wird das alles enden?“ – „Das Einzige, was du tun kannst, Kamerad, ist das, was du für richtig hältst und auf das Beste hoffen“. Johannes hofft auf „das Beste“, auf die Ankunft des Messias. Deshalb ruft er zur „Umkehr“ und tauft mit Jordanwasser. Das hält er für „richtig“, und zwar für so lange, bis der Christus kommt, der „mit Heiligem Geist und Feuer taufen wird“ (Mt 3,11b). Dann, so meint er bestimmt, wird seine Wassertaufe überholt sein und sofort Vergangenheit. Aber Johannes, zu dessen Namen und Schicksal es gehört, „auf das Beste“ zu hoffen, dieser Johannes der Täufer irrt. Er täuscht sich, was Jesus anbelangt, in der Heilsnotwendigkeit seiner „Taufe mit Wasser“.

„Brüchige Prophetie“: „Erlösung“ zwischen Gesetz und Gnade

Die biblische Jordanerzählung, die längst schon in der Thora (erstmals in Num 22,1) begann und mit Moses Tod (Dtn 32–34) einen entscheidenden Wendepunkt erfährt, endet *nicht* so einfach geradlinig und logisch im Messias. Das Leben und die Bibel schreiben andere Geschichten, voller Überraschung und Umkehr(ung). Geschichten, die staunen lassen: Johannes weigert sich, Jesus zu taufen, den er als Messias und Geisttäufer identifiziert und den er als solchen öffentlich bekennt. Ausdrücklich schreibt der Evangelist Matthäus:

> „Darauf kam Jesus her von Galiläa an den Jordan zu Johannes, um sich taufen zu lassen von ihm. Johannes aber wollte hindern ihn, sagend, ich habe Bedarf von dir getauft zu werden, und du kommst zu mir?“ (Mt 3,13–14)

In seinem Widerstand verhält sich Johannes verständlicherweise konsequent. Aus Sicht der Evangelien unterliegt sein ganzes Leben, selbst seine Namensgebung (vgl. Lk 1,13.59–63), seinem Sendungsauftrag, nämlich den „Weg des Herrn“ (Lk 3,4) zu bereiten. Denn im ankommenden Messias „soll alles Fleisch das Heil Gottes schauen“ (Lk 3,6). Das „Berufen“ bzw. Verkündigen des Täufers, sein Selbstverständnis und seine Messiashoffnung sind stark vom Propheten Jesaja geprägt. Jesaja ist der „große Prophet“, der sowohl in seinem Namen (Je-saja, d. h. „Gott ist Heil“) als auch in seinem prophetischen Wirken (in Juda) das universelle Heil mit der Ankunft des Messias zur Einheit verbindet. Dabei identifiziert sich Johannes, insbesondere im Lukasevangelium, unverkennbar mit Jesajas Prophetie (Jes 40,3–5), um sie *innovativ* auf ihre alsbaldige Erfüllung in Christus auszurufen.

Bei Matthäus wird der „Rufer“ sogar von Jesaja her legitimiert:

> „Dieser nämlich ist der Vorausgesagte durch Jesaja, den Propheten, den Sagenden: Stimme eines Rufenden in der Wüste: Bereitet den Weg des Herrn! Gerade macht seine Pfade!“ (Mt 3,3)

Die Texte schaffen eine Art prophetischer Nachfolge von den „heiligen Propheten der Urzeit" (Lk 1,70) über Jesaja zu Johannes, woraus der Täufer als „Prophet des Höchsten" (Lk 1,76) Anerkennung bezieht. Sie begründen sein Rufen und Taufen aus der Väter-Perspektive Abrahams und der des „Heiligen Bundes" (Lk 1,72). Solche Rückbezüge vergegenwärtigen geschehene Prophetie, um sie in besonderer Hinwendung auf Johannes zu vereindeutigen.

Doch diese Kontinuität zwischen Altem und dem Neuen, das sich am Jordan zuträgt, ist *brüchig*. Und das ist *heilvoll*. Das Andere und Neue der Ankunft des Messias samt dem vorbereitenden Wirken des Täufers lässt sich eben *nicht* geradlinig, kontinuierlich aus dem vergangenen Rufen der frühen Propheten herleiten. Das wäre konstruiert und fiktiv. Das Neue wäre damit nur das neue Alte. Lediglich das bereits in Erinnerung „Bekannte" würde schließlich in Johannes und Jesus *wieder* erkennbar werden – wie ein Spiegelbild. Das aber wäre fatal, wäre es doch berechenbar, vorhersehbar. Es wäre aus dem „alten" vergangener Prophetie herleitbar wie der letzte, noch fehlende Mosaikstein in einem Puzzle, das alsbald komplett sein wird. Dieses letzte, noch ausstehende Mosaiksteinchen müsste sich dann passend zum Gesamtmosaik verhalten, so wie der i-Punkt zum „i". Das ergäbe dann einen „kleinen" Messias: angepasst an die prophetisch inspirierten (Messias-)Vorstellungen des Alten Testaments. Diesem Messias würde schon im Voraus und seit Langem seine Passform zudiktiert sein, von deren Erfüllung seine Glaubwürdigkeit wie ein Mandat abhängig wäre.

Einen solchen Messias erhofft Johannes nicht. Der wäre nämlich nur ein Erfüllungs-Gehilfe priesterschaftlicher und pharisäischer Gesetzes- und Wertvorstellungen. Johannes' Identifikation mit bereits ergangener und somit vergangener Prophetie ist wirkmächtig, hält sich aber in Grenzen. Die Fragen, wer er sei und die Projektionen, er sei (wie) einer der alten Propheten (Elija, Jesaja), greift er *nicht* auf. Wie bereits dargelegt, ist seine Selbst-Bestimmung bild- und erinnerungsfrei anders: „Stimme (eines) Rufenden in der Wüste." (Joh 1,23)

So sublim definiert er sich, gleichsam als „flatus vocis", als Windhauch, der weithin wehen kann.

Johannes ist der eigenwillige Verkünder im „Dazwischen“: zwischen „Altem“ und messianisch Neuem; zwischen mosaischem Gesetzesanspruch und dem Ruf nach Gottes Erbarmen und Gnade. Darin, dass er sich dem Willen Jesu – zunächst widerstrebend – unterordnet und ihn, den Messias, tauft, zeigt sich seine Sensibilität für „Erlösung“ als messianische Einheit von Gesetz *und* Gnade, von Gnade *und* Wahrheit. Am Anfang des Johannesevangeliums, im Verlauf des Prologs, wird vorweg, vor der Jordan-Szene, diese *Einheit* (Gesetz – Gnade – Wahrheit) in einem *einzigen* Vers kompaktiert:

> „Denn das *Gesetz* durch Mose wurde gegeben. Die *Gnade* und die *Wahrheit* durch Jesus Christus ist geworden.“ (Joh 1,17)

Dazu sollte wohl angemerkt werden, dass die Gabe des Gesetzes an und durch Mose ein fundamentaler Gnadenakt Gottes ist, ohne den es keine jüdische Religion gäbe. Gottes Gnade ist so, dass er aus sich heraus souverän gibt, schafft und menschliches Wollen bzw. Tun heilsam *in* einem dynamischen Sinnganzen führt. Ohne diese begleitende und aufhelfende Gnade Gottes würden das Gesetz und dessen Anwendung zum sterilen, kleinteiligen Automatismus verkommen. Die „Wahrheit durch Jesus Christus“ liegt wohl in der niemals planbaren, geschweige denn kontrollierbaren, je neuen Verbindung von Gesetz *und* Gnade. „Das“ Gesetz ist für die zeitgenössischen Religionsführer um Johannes wie ein Objekt vorhanden, also „objektiv“ analysierbar und bekannt bis in seine verschlungenen kasuistischen Anwendungen, sodass sie gnaden-los vollziehbar sind. Die Wahrheit von der Gnade ist zunächst einmal, dass sie diesen autarken, in sich geschlossenen Automatismus in seiner sinnentleerten Menschenfeindlichkeit aufdeckt. Sie löst ihn auf und „erlöst“ davon, indem sie Gnade nicht als „Begnadigung“ einführt, sondern als lebensspendende Spontankraft der Beziehung „zwischen“ *Mensch – Gesetz – Gott*. Lautet doch der „Ur-Ruf“ des Gesetzes an Israel:

> „Höre, Israel, höre, der Herr dein Gott ist einer.“ (Dtn 6,5a)

Wahrheit, Gesetz und Gnade sind in ihm *Eines*. Er ist deren lebendiger Ursprung und deren Einheit: Er ist der wahre, (bundes-, gesetzes-)treue *und gnädige Gott*. Er ist deren lebendiger Ursprung und deren Einheit. Blaise Pascals mystische Einsicht trifft darauf zu: „Die Gegensätze berühren sich und vereinigen sich in Gott und in Gott allein". Die Wahrheit des Evangeliums erlöst aus der „endlos" schlechten *Zweiheit* von Gesetz – (sündiger) Mensch, indem sie die Gnade als *dritte*, innovative (Gottes-)Kraft aktiv bejaht. Diese Bejahung ist *keine* Verneinung des Gesetzes, sondern sie ist dessen nötige Relativierung im „Dazwischen": zwischen Mensch und Gesetz, zwischen dem Abrahamitischen Bund der Gesetzestreue (vgl. Joh 11,5; Lk 1,73) und dem „herzlichen Erbarmen unseres Gottes" (vgl. Lk 1,78):

> „Auf Grund dessen uns heimsuchen wird der Aufgang aus der Höhe, um denen zu erscheinen, die im Finstern und Todesschatten sitzen, unsere Schritte zu lenken auf den Weg des Heils."
> (Lk 1,78–79)

In dieser Einsicht bezüglich des einen, treuen Gottes und seines Messias gipfelt der hymnische Lobpreis des Zacharias bei der Beschneidung seines Sohnes Johannes am achten Tag nach seiner Geburt. Seitdem sind Tausende von Nächten und Tagen vergangen, bis sich Johannes der Forderung des Messias gegenüber verhalten muss, „sich von ihm taufen zu lassen" (Mt 3,13). Dass Johannes zunächst zögert und einen solchen Taufakt „verhindern" möchte, mag nunmehr, auf dem Wahrheitshintergrund von Gesetz – Gnade, verständlicher werden:

> „Aber Johannes wollte *hindern* ihn, sagend: Ich bedarf es, von dir getauft zu werden, und du kommst zu mir?" (Mt 3,14)

Johannes' skeptische Nachfrage: „Du kommst zu mir?" (Mt 3,14)

Johannes' (Grundsatz-)Frage an Jesus („Du kommst zu mir?") ist *skeptisch*. Sie sucht aufmerksam nach der Identität der beiden, nach dem „who is who": Wer skeptisch fragt, verhält sich im eigentlichen Wortsinn „abwartend". In der griechischen Antike gab es sogar die philosophische Schulrichtung der Skeptiker, welche die moderne Psychologie heute neu in ihrem therapeutischen Wert entdeckt, beispielsweise Irvin D. Yalom in seiner „Existentielle(n) Psychotherapie" (2010). „Skeptisch" sein, d. h. nicht nur abwarten, sondern sich seines eigenen Urteils auf Zeit zu enthalten, um es im rechten Moment als persönliches und womöglich wahres Urteil treffen zu können. Ein Skeptiker ist kein Zauderer, kein Mensch des „entschiedenen Vielleicht", sondern jemand, der sachgerecht sein eigenes Werten und Urteilen herausbilden und schließlich einbringen will. Die skeptische Haltung und Praxis verlangen das, was der Psychiater Viktor Frankl als „Wille zum Sinn" (1972) identifiziert. Skepsis wird so zur ethischen, sinnbezogenen Haltung eines Menschen jenseits von Rechthaberei bzw. bloßer Anpassung.

Johannes bewirkt mit seiner skeptischen Frage einen nötigen Leerraum für Klärung und Entscheidung. Freilich schwingt in der Skepsis des Täufers dessen begründbarer Widerstand gegen die Taufe Jesu mit. Zugleich jedoch übersteigt Johannes seinen Widerstand in der offen skeptischen Anfrage, ob es sich nicht in Wahrheit andersherum verhalte: Sollte nicht der Messias den Täufer taufen? Bedenkt man, wie radikal und fortwährend Johannes auf das epochale Bruchmoment in der Heilsgeschichte hinweist, nämlich auf *den*, der „mit Heiligem Geist und mit Feuer" (Lk 3,16) taufen wird, dann erklärt sich sein Vorbehalt: Der Messias als Exekutor (vgl. Mt 3,12; Lk 3,17–18) des verkommenen Alten („Spreu") und Initiator des heilsam Neuen kann sich keiner Taufe zur Bekehrung unterordnen. Das würde Johannes nicht nur „über" ihn stellen, sondern zu seiner Anerkennung Jesu als

Messias konträr laufen. Die Taufe Jesu wäre die Demaskierung der falschen Prophetie des Johannes. Jesus würde durch die Taufe zu einem der vielen Getauften, statt der *absolut Eine* in Absetzung von den Vielen zu bleiben.

Der Widerstand des Johannes gegen das Taufbegehren Jesu ist also aus seiner Prophetie des radikalen Umbruchs motiviert: Kein „neuer Wein in alte Schläuche“. Dafür streitet sich bereits Elihu gegen die falschen Freunde mit Ijob:

> „Siehe, mein Leib ist wie Wein, der wenn er nicht aufgetan wird, wie neue Schläuche zerreißt.“ (Ijob 32,19)

Wie die Propheten vor ihm, ist Johannes ein „Eiferer“. Doch er respektiert gewisse Grenzen anders als der Gottesmann Elija vor ihm, der die 450 Baalspriester der Königin Isabel (1 Kön 18,19) „niederschlachten“ lässt (1 Kön 18,40). Johannes bleibt auch vor seinen Gegnern dem Wort verpflichtet, das er mit der Taufe verbindet. Im Wort und mit skeptischer Frage verhält sich Johannes auch Jesus gegenüber. Anders als Elija, den „Gottesmann“, übermannt ihn kein Affektsturm, sondern er wahrt die Grenze, erhält Jesu Antwort und akzeptiert sie:

> „Antwortend dabei Jesus sagte zu ihm: Lass los, jetzt! Denn so geziemt ist es uns, zu erfüllen alle Gerechtigkeit. Da lässt er ihn gewähren.“ (Lk 3,15)

„Lass los, jetzt!“ (Mt 3,15): Von der Krise der Begegnung zur Um-Kehr des Johannes

Mt 3,15 spricht *imperativisch* (vgl. griech.: aphes arti = Lass los, jetzt!) von der Spannung, die sich zwischen Jesus und Johannes in der Frage nach der Wassertaufe entzündet. Für Johannes nimmt es sich als verkehrte Welt aus, nämlich als sinnwidrige Umkehr des hierarchischen (Heils-)Verhältnisses zwischen Messias und Täufer, falls Jesus „bedürftig“ wäre, von ihm „getauft zu werden“ (vgl. Mt 3,14). Johannes praktiziert sein Täufertum nicht eigenwillig, sondern unter dem „(Befehls-)Wort Gottes“ (rhema), das ihn in der Wüste angegangen war als absolute Aufforderung, die ihn wie ein „Ochsenstachel“ in Bewegung bringt zum Jordan, um dort den Ruf zur Umkehr mit der Taufhandlung symbolisch zu verstärken. Weshalb aber sollte der kaum aufgetretene Messias „umkehren“ von Verfehlungen und der öffentlichen Reinigung von seinen Sünden bedürfen?

Die Lebenswirklichkeit des Johannes der Evangelien ist verankert in und verdichtet auf seine Sendung, nämlich Wegbereiter des Erlösers zu sein, den er soeben in Jesus als „Lamm Gottes“ (an-)erkannte und allen Anwesenden bezeugte. Sein Schick-„sal“ (altdeutsch: sal = Fülle) ist es, seine Sendung in Treue zu erfüllen. Dazu bildete sich Johannes als Mensch seine Vorstellungen und seine – sagen wir – „Täufertheorie“, wen er wo, wann wozu taufen würde. Manchen verweigert er die Taufe vehement und qualifiziert sie als „Brut von Giftschlangen“ (Mt 3,7; Lk 3,7). Der Täufer hält an seiner „Bestimmung“ fest, so wie er sie versteht. Daraus bezieht er seine Identität, sein Selbstverständnis und das, was man psychologisch seine „Ich-Stärke“ nennen könnte: Er erweist sich als handlungs- und abwehrbereit, als (einsam) überlebens- und durchsetzungsfähig.

Hier nun tut sich eine außerbiblisch-literarische Parallele auf zwischen dem kämpferischen Johannes und dem „Feldwebel“ in Gerald Kershs Novelle. Ob eine Novelle etwas wert ist, entscheidet sich ganz am Ende der Geschichte, an deren *Pointe*. Fehlt sie, dann ist die Erzählung keine Novelle. In der sollte sich schließlich überraschend eine ungeahnte *Sinnverschiebung* ergeben, ohne dass die Erzählung dabei ihre Einheit verlieren würde. Im Gegenteil: Indem inhaltlich ein anderer Sinn einbricht in die Logik des Erzählten und in das begleitende Verständnis der Leser, wird plötzlich Neues „wahr". Logische Novellen gibt es ebenso wenig wie widerspruchsfreie Bibeltexte. Die einen wie die anderen sind „Passagen" zum Sinn. Wer sie durchläuft, erfährt Ent-täuschung, Überraschung und Staunen.

Diese Durchgänge zum neuen Verstehen des Alten, schon Erzählten, könnte man als Spannungsbögen mit der Orakelfrage überschreiben: Ist es wirklich so? Wer dieser Frage nachgeht, der kommt an der Enttäuschung nicht ungeschoren vorbei. Die aber ist nötig, um die Erzählung als Novelle neu zu verstehen. In Gerald Kershs Kurzgeschichte ist es die ebenso besorgte wie unlösbare Frage („Wo wird das alles enden?"), die den Feldwebel seine wahre Geschichte erzählen lässt. Ihr überraschendes Ende macht sie zur Novelle: Schicksal folgt nicht der menschlichen Logik, eher kehrt sie diese im Geschehensverlauf um. Und das gilt erst recht für die (Vor-)Urteile von „gut – böse", Strafe – Belohnung, Suchen – Finden, usw. Der Sinn hinter Logik und Moral ist weder mit der einen noch mit der anderen deckungsgleich. Deshalb – so schlussfolgert der Feldwebel durch Selbsterfahrung – kann niemand sagen, „wo alles enden" wird. Nichts endet wirklich, sondern läuft verändert weiter, bisweilen in Um-Kehrung, die bald schon neue Wendungen findet.

Der alte Feldwebel hat diese Lektion gelernt. Das Leben brachte sie ihm bei. Der 30-jährige Johannes bekommt sie hier und jetzt am Jordan beigebracht vom Messias selbst. Der „Sohn des Zacharias", der Meta-noia (Um-kehr) zum Generalthema seiner Verkündigung machte, vollführt im Angesicht Jesu *seine* Um-kehr. Nicht, dass er sich Jesus unterwerfen würde. Was ihm geschieht, könnte man vorerst mit Sinneswandel bezeichnen. Ein neues Verständnis für den Messias und seinen Taufanspruch wird sich ihm überraschend – jenseits des Machbaren – erschließen.

Damit es aber dazu kommen kann, muss Johannes im eigentlichen Wortsinn in eine „Krise" geraten. „Krisis" meint „Ent-

Scheidung". Er wird von Jesus in die Krisis der Entscheidung geführt, ob er an seiner bisherigen, immerhin sein Leben bestimmenden, Messias-Vorstellung unveränderbar festhalten oder sie flexibilisieren will: „Lass los, jetzt!" (Mt 3,15). Mit diesen zwei Worten („aphes arti") als Antwort Jesu wird aus der Konfrontation Johannes – Jesus eine Wendung zur Selbstkonfrontation des Täufers mit dem, was ihm bisher als wahr und gerecht erschien. Johannes lässt alles das „los", und zwar im Augenblick des „Jetzt". Das gibt es! Das kann einem Menschen geschehen. Allerdings – von ihm selbst ausdenkbar und (logisch) steuerbar ist es nicht. Entweder es geschieht ihm oder es geschieht ihm nicht. Seiner Machbarkeit ist es entzogen und zugleich ist es freie, zustimmende Tat dessen, dem es geschieht.

Wie jeder Mensch hätte auch Johannes sich in einem negativen Freiheitsakt verweigern können. Aber das tut er nicht. Stattdessen wird es in alle Ewigkeit (sein) Geheimnis bleiben, warum er „losgelassen" hat. Solches „Loslassen" ist kein Denkvorgang und nicht nur gefühlt, sondern kommt für den Betroffenen selbst plötzlich, aus dem Zentrum seiner Person. Die Heilige Schrift nennt diese Mitte der Person: „Herz". Das schlägt unentwegt im Rhythmus 365 Tage im Jahr. Genauso oft, 365 Mal kommt das Hauptwort „Herz" (hebr.: leb) in der Bibel vor, jeweils in anderen Kontexten, in denen es schlägt.

„Lass los, jetzt!": Dieser Zuruf Jesu im rechten Moment bewirkt bei Johannes Metanoia, die mit seiner Herzensentscheidung beginnt, seinen alten Vorbehalt „loszulassen". Damit entscheidet sich Johannes für eine „jetzt" ermöglichte Öffnung seines Lebens zu einer *Sinn-Wendung*, die zuinnerst mit „Gerechtigkeit" zu tun hat. Was der Täufer nach außen hin so unnachgiebig predigt, nämlich „Umkehr", verinnerlicht sich jetzt. Metanoia als Aufforderung an die Anderen, wird ihm zur persönlichen Selbsterfahrung, die Authentizität gibt.

Was Johannes auf den Stationen seines noch jungen Lebens alles erfuhr und verinnerlichte, was er zu glauben begann und wie es sich in ihm vertiefte, darüber schweigt die Bibel. Weder ist sie ein Psychologiebuch noch sind ihre Bücher Biografien. Ihr Horizont ist nicht biografisch, sondern heilsgeschichtlich, sodass lebensgeschichtliche Ereignisse nicht fehlen, sondern verdichtet und verflochten werden mit dem Ganzen und je Größeren eines Heilsdramas, das am Ende der Zeiten in der Schöpfung eines „neuen Himmels und einer neuen Erde“ (Offb 21,1) sein Ruhen in Gott finden wird. Was Johannes anbelangt, so ist er eine der großen, dramatischen Personen der Bibel. Wo er ist, geschieht Drama. Er wirkt dramatisch, weil er nicht anders kann. Ansonsten wäre er nicht Johannes. „Denn die Hand des Herrn war mit ihm“ (Lk 1,67) schon *vor* und *nach* seiner Geburt. Sie bewahrt ihn, lässt ihn „erstarken im Geist“ (Lk 1,80) und führt ihn „in die einsamen Gegenden bis zum Tag seines öffentlichen Auftretens vor Israel“ (Lk 1,80).

Johannes' Metanoia: Einsamkeit – Krise und (Selbst-)Transzendenz

Der Evangelist Lukas schreibt ausdrücklich von den *„eremoi"*, also den „einsamen Gegenden" (Lk 1,80), in denen Johannes sich aufhielt. *Wo* war Johannes? Dort, wohin die „Hand Gottes" ihn (fort)führte, an verschiedene, menschenarme Orte, denen nicht nur „Einsames", sondern auch Einmaliges, Einzigartiges zukam. „Eremos" meint beides: „einzig(artig)" und „einsam". Johannes selbst war „eremos" und lebte in den „eremoi", den „einsamen Gegenden". Beides gehört zusammen: der „eremos" und die „eremoi". Mag gut sein, dass Johannes schon deshalb in die „einsamen Gegenden" passte, weil er auch *in sich* diese einsamen und einzigartigen Landschaften spürte; weil sie seine außergewöhnliche Seelenlandschaft reflektierten, bestätigten und schützten. Jedenfalls übt er sich ein, im Besonderen dieser Einsamkeiten zu leben und an ihnen Leib und Geist, d. h. sein (griech.) „noein" zu entwickeln.

„Noein" – im Griechischen wie im Neutestamentlichen – meint mehr als logisch zu denken und zu kommunizieren. Es verweist vielmehr auf eine Geistes- und Lebenshaltung. Die entwickelt man im Selbsterleben, und zugleich kommt sie einem zu: aus Erziehung, Umwelt, Sprache und Kultur. Psychologie und Gesellschaftswissenschaften finden fortgesetzt dazu neue Ergebnisse. Vergeblich würde man unter denen nach dem *Spirituellen* suchen, das Johannes bewegte, nämlich nach der *„Hand des Herrn"* (Lk 1,67). Sie ist die besondere, zugleich außer- *und* innerweltliche Macht, die ihn bewahrt und führt. Die „Hand des Herrn" ist die empirisch nicht fassbare, *absolute Macht* im Lebensdrama des Johannes. Diese jenseitige Präsenz und Geisteskraft formt und wandelt sein Verstehen (griech.: nous) dessen, wer er ist und was sein Leben im Begriff ist zu dramatisieren: Der „Eremos" Johannes ist der einzigartige Dramaturg der Ankunft des ihm wohl bereits bekannten Nazareners, der ihm neu erkennbar wird als Christus-Messias. Beide sind „eremoi". Beide sind einmalig in der Weltgeschichte und einzigartig in ihrem Sendungsauftrag, dessen Dramatik sich zweipolig in Anerkennung und Vernichtung aufspalten wird.

Die „Hand des Herrn" (Lk 1,67), die Johannes führt; die Geistes- und Lebenshaltung (noein) des „Sohnes des Zacharias", der zum Eremos wurde; die Umkehr, die er als Täufer verkündet und seine eigene Metanoia, sie alle gehören unauflöslich zusammen. Im Angesicht Jesu und auf dessen Zuruf hin („Lass los, jetzt!") übt Johannes der Täufer das an sich selbst, was er allen verkündet, nämlich Umkehr. Die ist für jeden Menschen anders und in „Gottes Gnade" (vgl. Jo-hannes) für alle möglich. Weil Metanoia entscheidend mehr ist als verstandesmäßiges „Um-Denken", weil sie existenziell ist oder nicht ist, deshalb bedarf sie der Gnade. Das Machen des Menschen (bzw. der Menschen in Masse und Kollektiv) kann die Gnade nicht ersetzen. Das ist unmöglich. Der Kairos der Gnade ist keinem Menschen machbar, aber allen verpassbar. Er ist flüchtiges Angebot, das sich wieder entzieht und dessen schwer erkennbare Wiederkehr später für manche zu spät sein kann, um es zu ergreifen.

Johannes ergreift zuerst skeptisch, dann spontan die Chance zur Metanoia. Sie beginnt mit dem „Loslassen" nicht nur seines bisherigen Denkens und Erwartens hinsichtlich des Messias. Das, was Jesus im „Lass los, jetzt!" von ihm fordert, ist *existenziell*: Es ist weder verschiebbar noch portionierbar in einzelne Schritte der Abfolge. Hingegen betrifft und verlangt es den *ganzen* Menschen Johannes im Hier und Jetzt. Er muss mehr als bloß „umdenken", um Jesu Forderung an ihn, den Täufer, wirklich anerkennen zu können. Dazu nämlich muss er „hinter" (meta) sein bisheriges Denken kommen, mit dem er symbiotisch vermeintlich „eins" ist. Diese ihm zugewachsene Einheit von Denken und „Ich" macht sein Verständnis und Selbstverständnis (noein) aus, seine „Eigenwelt" (Karl Jaspers) und sein inneres Verhältnis von „Ich und Mich", von Johannes und „Täufer", von Person und charismatischer Rolle. Solche Selbstaufgabe ins „(Da-)Hinter" mag zwar zur Ursehnsucht des Menschen gehören, bedarf aber notwendig der *Gnade.* Ansonsten bliebe die Metanoia entweder fiktiv oder sie würde zu einer allzu vernünftigen und moralischen Drehbewegung verkürzt werden. Wirkliche Metanoia bedarf eines Anderen, das oder den man zulässt.

Beim König David ist es Natan, der Prophet, der ihn mit seiner Sünde konfrontiert (vgl. 2 Sam 12), nämlich aus sexuellem Begehren nach der Frau seines Generals Urija diesen gewollt zu Tode gebracht zu haben. Indem David die Konfrontation mit der Wahrheit annimmt und aushält, geschieht ihm Metanoia. Allerdings vollzieht sie sich nicht automatisch: Zwar (an-)erkennt David vor dem Propheten und vor Gott sein Verbrechen; zwar leidet er und bittet von Herzen um Verzeihung für das nicht wieder gut zu Machende. Aber weiter kann er nicht gelangen. Die andere Seite ist Gnade, die Gott ihm in seiner Gerechtigkeit zuteilwerden lässt (2 Sam 12,13–18).

Ob bei David vor Natan (hebr.: „Gott hat gegeben") oder bei Johannes vor Jesus, stets gewinnt Metanoia ihren Ursprung aus der *Konfrontation* und dem *Loslassen,* also dem Abstand zum geläufigen Ich-Zustand und der daraus sich ergebenden *Verletzlichkeit.* Nicht mehr der „Alte" zu sein, weil einem die bisherige Selbsteinschätzung, Denkweise und Existenzform entfallen sind, d. h. noch lange nicht, der „Neue" (geworden) zu sein. In diesem Zwischen-Zustand ist die *Verletzbarkeit* bedrohlich nahe und die Suche nach Orientierung treibende Kraft. Metanoia ist doppelseitig: Loslassen und loslösen einerseits, vertrauen und sich verbinden andererseits. Fehlt die *Kehrseite* der gelingenden Verbindung, so wird aus Metanoia ein einseitig verkürzter Akt mit eher traumatisierender Negativwirkung. Ersatzangebote von personeller Bindung, von Bedeutungsgabe und Sinnkonstruktion, *können dann verführerische Verbindlichkeit erlangen.* Worauf es also in Kairos und Krise entscheidend ankommt, ist nicht nur das Loslassen, sondern die Qualität der anderen Seite, d. h. des Verbindungsangebots.

Jesus ist für Johannes dieses leibhaftige Angebot. Er glaubt und folgt ihm in dessen Begründung zur Taufe:

> „Lass los, jetzt, denn so geziemend ist es uns, zu erfüllen die ganze Gerechtigkeit. Da ließ er ihn gewähren." (Mt 3,15)

Die zwei Sätze, die Jesus zum Täufer spricht, sind Kernsätze für die Metanoia des Johannes. Sie beinhalten *Ablösung* und *Verbin-*

dung als entscheidende Wendungen. Der Arzt Carl Gustav Jung elaborierte in seinen Studien und Schriften zur „Alchemie“ das „solve et coagula“ („löse und verbinde!“) als Grundgesetz aller Heilungsprozesse, sowohl in der Fremd- als auch in der Selbstheilung. Jesus wird es nicht nur bei Johannes anwenden, sondern es wird sein Heilswirken überhaupt anders bestimmen als die zeitgenössischen Vertreter der Gesetzesreligion es tolerieren wollten.

Wenn Jesus Johannes auf die *„ganze Gerechtigkeit“* verweist, die es zu „erfüllen“ gelte, dann wird dieser gravierenden Sinnaussage im Matthäusevangelium keine weitere Begründung nachgeschoben. Lediglich das Antwortverhalten des Täufers wird in dem knappen, temporalen Folgesatz festgehalten: „Da (griech.: tote = da, sogleich) ließ er ihn gewähren.“ (Mt 3,15) Damit wird eine grundsätzliche Übereinstimmung ausgedrückt, ein Konsens, der die Taufhandlung trägt. Was aber mit „ganze(r) Gerechtigkeit“ gemeint ist, bleibt im Dunkeln. Allerdings hat der Begriff „dikaiosyne“ (Gerechtigkeit) seinen eigenen Aussagewert: Nicht auf die vielen Gesetze, Riten und Regelungen religiös-jüdischen Lebens bezieht sich Jesus, sondern auf die „Gerechtigkeit“ selbst. Die aber gilt immer und nur ganz oder gar nicht. Während die Einhaltung von Gesetzen überprüfbar ist, verhält es sich bei der Gerechtigkeit anders: Nur wenn sie „erfüllt“ wird, wird sie gültig. Falls nicht, wendet sich eine nur teilweise „Gerechtigkeit“ tendenziell ins Unrecht, weil sie mangelhaft und damit sich selbst widersprüchlich ist.

Nicht um die Befriedigung des pharisäischen Gesetzeswerkes geht es Jesus, sondern um die „höhere“ Gerechtigkeit, nämlich dessen, der ihn gesandt hat. Um nicht weniger ist es Jesus in der Konfrontation mit Johannes zu tun als um die *Gerechtigkeit Gottes*. Und allein er, der von Johannes bezeugte „Sohn Gottes“, kann diese Gerechtigkeit seines Vaters erkennen und erfüllen. Niemand, auch Johannes nicht, kann ihm bis in das ganze Verstehen dieser Ethik und ihres Soll-Anspruches folgen. Damit – abgehoben vom Gesetz des Mose – „die Gnade und Wahrheit durch Jesus Christus“ (Joh 1,17) werden können, bedarf es der Erfüllung einer höheren Gerechtigkeit Gottes. Sie ist wesentlich anders als die mosaischen Gesetze, die sich ihr letztlich verdanken. Sie übersteigt und integriert diese, ohne in ihnen aufzugehen. Sie gibt ihnen erst ihre Chance zur Legitimation, ihren Resonanzraum für das Viele, „hinter" dem die *eine* (ganze) Gerechtigkeit ihren Ort bei dem *einen* Gott innehat.

So lässt sich Jesus von Johannes am östlichen Jordanrufer taufen, um die „ganze Gerechtigkeit" zu „erfüllen". Er wird dort zum Messias proklamiert und rituell in das Jordan-Wasser eingetaucht, wo bereits Josua in der Nachfolge des Mose mit seinem Führungsauftrag begann. Die symbolträchtige Verbindung zwischen Josua und Jesus wird durch die Taufe am Jordan besonders verdeutlicht: Analog zu Josua, aber auf der universellen Heilsebene („alle Völker"), wird Jesus statt der zwölf Stämme die „ekklesioi" (Herausgerufenen) hinüberführen in neue Horizonte von Gerechtigkeit, „Gnade und Wahrheit" (Joh 1,17).

Die (Geist-)Taufe Jesu: Reinigungsritus und Zeugnis „aus den Himmeln" (Mt 3,16)

Obwohl viele die Taufe Jesu sehen können (vgl. Mt 3,16–17; Mk 1,9–11; Lk 3,21–22; Joh 1,31–34), die Johannes an ihm ritualisiert vollzieht, bleibt deren Geistgeschehen vor der Wahrnehmung der Vielen verborgen. Der *einzige*, umfängliche Zeuge für die „Geisttaufe" Jesu ist der Täufer selbst. *Allein* im Johannesevangelium wird dies aus dem Mund des Täufers vor allen Anwesenden bestätigt (vgl. Joh 1,32–34). Die synoptischen Evangelien lassen es offen, wie (mit-)erlebbar für Johannes und weitere Anwesende es wurde, als der „Himmel sich öffnete" (Mt 3,16; Mk 1,10; Lk 3,21) über dem getauften Jesus.

Der einzigartige Zeitmoment, der Kairos für die Offenbarung des Geistes über und an Jesus, ist der Augenblick *sofort* nach der Wassertaufe. In neutestamentlicher Darstellung schließt die Geisttaufe aus „den Himmeln" direkt an die Jordantaufe an, so als ob die Wassertaufe die *nötige* Vorgabe für die Bestätigung der Gottessohnschaft Jesu aus dem himmlischen Jenseits sein muss. Diese Bestätigung und Stärkung geschieht in Sprache und Zeichen. Insbesondere die Evangelisten Matthäus und Markus stimmen darin überein:

> „Als aber getauft war Jesus, stieg er *sofort* heraus aus dem Wasser. Und siehe, es öffneten sich über ihm die Himmel […]." (Mt 3,16a; vgl. Mk 1,10a)

Bei Lukas ist es ebenfalls nach der Taufe der *betende Jesus*, dem die Offenbarung zeichenhaft („Taube") und phonetisch („Stimme") widerfährt, um ihn als „geliebten Sohn" zu bestätigen (Lk 3,21b).

Das Offenbarungsgeschehen selbst, dessen *„Wie"*, wird von den Synoptikern in fast wörtlicher Übereinstimmung berichtet, sodass eine höchst kongruente Zeugnisgabe vorliegt, die im Johannesevangelium ihre besondere, bekenntnishafte Zusammenfassung durch den Täufer selbst erhält.

Damit nun exemplarisch zum betreffenden Text nach Markus:

> „Und *sofort* hinaufsteigend aus dem Wasser, sah er sich *spaltend* (schizomenous) die Himmel und den Geist (pneuma) wie eine Taube herabkommend auf ihn. Und eine Stimme kam aus den Himmeln: Du bist mein geliebter Sohn, an dir habe ich Wohlgefallen gefunden." (Mk 1,10–11)

Nunmehr ist es nicht die Stimme des Johannes, sondern eine andere. Sie spricht vernehmlich aus einem „Riss" (griech.: schizein = zerreißen, spalten) der Himmel heraus. Wäre sie die Stimme eines Menschen oder gar der „Taube", so könnte man sie verorten. Man könnte ihr einen imaginären Platz zuordnen, um sie besser in Denken und Vorstellung (noein) zu verstauen. Sie erschiene dann weniger fremd und eher logisch herleitbar. Aber der Text verweigert sich solchen Manövern des Vereinnahmens. Johannes der „Rufer" war gerade noch eine identifizierbare Stimme. Sie rief demonstrativ, dass das „Reich der Himmel nahe herbeigekommen ist" (Mt 3,2a) und wer sie hörte, kannte ihre Quelle, nämlich den „Menschen Johannes". Den Inhalt und Wert dessen, was seine Stimme rief, konnte man hinterfragen, kritisieren und bestreiten. Die „Priester und Leviten" (Joh 1,19) taten dies und erst recht „viele Pharisäer und Sadduzäer" (Mt 3,7).

Jetzt aber „kam eine Stimme aus den Himmeln". Aus dem „Riss" des Unsagbaren spricht sie über (vgl. Mt 3,7) und sogleich exklusiv im „Du" *zu* Jesus (vgl. Mk 1,11; Lk 3,22). Diese Stimme ist – anders als die des Johannes – dem Zugriff der Menschen entzogen. Auch wenn man sie verleugnen wollte, wäre sie Zeugnisgabe aus dem „Riss" des Ewigen in die Erdenzeit. Mit anderen Worten: Diese Stimme und ihre Sprache sind nicht originär menschlich, sondern *absolut*. „Absolut" meint „losgelöst". Das sind sie. Sie brauchen keine weiteren Begründungs- und Herkunftsnachweise (z. B. Stammbäume), aus denen heraus sie sich legitimieren. Prophetensprache hingegen bedarf nötiger Legitimationsverweise auf Jahwe, den Absoluten und Allmächtigen, um so in den Glaubwürdigkeitsradius des unbedingt Gültigen zu gelangen. Dass die Stimme „aus den Himmeln" als absolute spricht, das hätte dem Sprachlogiker Ludwig Wittgenstein wohl zugesagt, vielleicht verblüfft. Sie (allein) vermag nämlich das auszusprechen, worüber wir Menschen aus eigener Erkenntnis nicht sprechen können und – so Wittgenstein – besser schweigen sollten.

Die Botschaft der Stimme gilt für sich und betrifft Jesus. Sie ist zwar unangreifbar, aber nicht unbegreiflich. Ohne Wenn und Aber spricht sie (bei Markus und Lukas) Jesus selbst direkt an als „geliebten Sohn", dem sie ihr „Wohlgefallen" bestätigt. Damit *bewahrheitet* sich auch das vorausgehende Zeugnis des Johannes an Jesus als „Sohn Gottes". Beide, Jesus und Johannes, der „Sohn" und dessen Zeuge, werden von der himmlischen Autorität als wahrhaftig *anerkannt.* Was Johannes ebenerdig im Anblick Jesu ausrief („Siehe!"), wird plötzlich zu einem Appell von oben, „aus den Himmeln". Mehr als diese *doppelte* (unten – oben) Zeugenschaft für den Nazarener als „Sohn Gottes" wäre nur Wiederholung.

Dass der Geist „hinab kam in leiblicher Gestalt wie eine Taube auf ihn" (Lk 3,22), ist allein die konkretisierende Darstellung des Evangelisten Lukas. Nur er betont, dass es sich um eine „leibliche" (griech.: somatikos = leiblich) Gestalt (griech.: eidos) bzw. ein solches Bild handelt, das gleichzeitig mit der Stimme hinab kommt „auf ihn" [= Jesus]. Diese Verstärkung des Ästhetischen in das „leiblich" Wahrnehmbare legt nahe, dass die Stimme mit dem sie begleitenden Himmelszeichen der Taube sowohl für Jesus und Johannes als auch für sensibilisierte Anwesende, also für das „ganze Volk" (Lk 3,21), hörbar war. Das mag so sein, weil in der Version des Matthäus die himmlische Stimme über Jesus demonstrativ ihr Zeugnis spricht, ohne ihn als direkten Adressaten mit „Du" anzusprechen: „*Dieser* da ist mein geliebter Sohn [...]" (Mt 3,17). So nimmt sich deren Zeugnisgabe aus als legitimierender Sprechakt für Jesus vor den Vielen, beispielsweise vor den Jüngern des Johannes (vgl. Joh 1,34–38).

Aber die Vielen, die das Sprechen aus dem „Riss" vielleicht miterleben konnten, bleiben die Vielen (olchoi), die bald schon ihrer Wege gehen und irgendwie weiterleben werden. Was sie am Jordan berührte, wie sie es deuteten oder vergaßen, bleibt völlig ungewiss und wohl auch unwichtig. Umso nötiger für die Zeugenschaft und Deutung dessen, was Jesus in Sprache aus dem „Riss" anging, bleibt der Täufer. Und der schweigt nicht, sondern spricht als irdische Stimme, die in ihrer Deutung ein-deutig wird:

> „Und es bezeugte Johannes sagend: Ich sah den Geist herabkommen wie eine Taube aus dem Himmel und er blieb auf ihm und nicht kannte ich ihn, aber der geschickt Habende mich, zu taufen mit Wasser, der hat mir gesagt: Auf wen du siehst den Geist *herabkommen* und *bleibend* auf ihm, der ist der Taufende mit heiligem Geist. Und ich habe gesehen und ich habe bezeugt, dass dieser ist der Sohn Gottes." (Joh 1,32–34)

Dass der Geist nicht nur herabkommt, sondern (auf Jesus) „bleibt", ist das gewisse Erkennungszeichen für Johannes: Jesus wird identifiziert als der, der „mit heiligem Geist tauft". Er ist der „Sohn Gottes". Jetzt endlich scheint sich Johannes ganz sicher, wer der Messias ist, obwohl er ihn doch (ebenfalls im Johannesevangelium) wenige Tage bzw. Verse zuvor bereits zum „Lamm Gottes" (Joh 1,29) ausgerufen hatte. Ein prophetischer Vorgriff, so könnte man sagen, würde damit aber die noch nicht gefestigte Suchbewegung des Täufers eher überdecken als erschließen: Es ist eine brüchige, unsichere Sicherheit des Johannes, nicht was die Ankunft des Messias betrifft, sondern die Person. Eine Restunsicherheit hält sich durch und bleibt, vielleicht bis zum gewaltsamen Tod des Johannes. Was sich nach außen, zu den vielen Anderen und zu seinen Jüngern so bestätigend und sicher ausnimmt, das ist (unausgesprochen) begleitet von einem Schatten, der sich nicht so einfach als „Zweifel" übersetzen lässt und noch zu thematisieren ist.

Zweimal spricht Johannes – geradezu refrainartig – seine *Unsicherheit* aus: „Und ich kannte ihn nicht, aber [...]" (Joh 1,31.33). Ja, obwohl er Jesus als gleichaltrigen Verwandten wohl schon längst kannte, hatte er ihn als Messias erst in dem Moment (an-)erkannt, als dieser auf ihn am Jordan zukam (vgl. Joh 1,29). Sogleich, mit prophetisch-visionärer Kraft („Siehe!") proklamierte er ihn zum „Sohn Gottes" und „Lamm Gottes". Eine augenblickliche Gewissheit überkam ihn, dass Jesus der Messias sei, dem er nicht wert sei, die „Schuhriemen zu lösen" (Joh 1,27). Dass diese

Gewissheit eine sehr persönliche und keinesfalls totale war, erweist sich vier Verse später: Johannes bedarf der Bestätigung „aus den Himmeln", nämlich dass der „Heilige Geist" nicht nur auf Jesus herabkommt, sondern auf ihm „bleibt" (Joh 1,33). Er sieht es als ultimatives Zeichen „und zeugt, dass dieser Gottes Sohn ist" (Joh 1,34). Zwei seiner Jünger hören ihn bei seiner nunmehr zweiten „Sohn Gottes"-Bezeugung, wechseln zu Jesus über und verlassen Johannes (Joh 1,37). Am Ende seines jungen Lebens, vom Gefängnis des Herodes aus, wird Johannes ein letztes Mal „durch seine Jünger" (Mt 11,2) fragen, *ob* Jesus der Messias sei oder nicht: „Bist du der kommen soll oder sollen wir einen anderen erwarten?" (Mt 11,3; vgl. Lk 7,18–23). Genau so lautet seine „Täuferfrage".

„… die ganze Gerechtigkeit zu erfüllen" (Mt 3,15b): Jenseits von Recht und Ritus

Jesus begründet seinen Willen, von Johannes getauft zu werden, mit dem Hinweis auf die *„ganze Gerechtigkeit"* (pasan dikaiosynen):

> „Lass los, jetzt! Denn so geziemend ist es uns, die *ganze* Gerechtigkeit zu erfüllen." (Mt 3,15)

Gerechtigkeit *ist* anders als Gesetze sind und das darauf angewandte Recht. Sie ist sozusagen „dahinter" und nicht greifbar. Während Recht(e) und Gesetz(e) aufeinander in der Rechtsfindung abzustimmen sind, verhält es sich mit der Gerechtigkeit anders: Sie ist die umfassende (Qualitäts-)Dimension für ein nicht nur „passendes", sondern im ethischen Sinn gültiges, gerechtes Recht. Zur Zeit des römischen Reiches und dessen (Rechts-)Hoheit über Israel kannte man bereits das geflügelte Wort: „Summum ius, summa crux", frei übersetzbar mit: Höchstes Recht kann höchstes Unrecht („Kreuz") sein. Tatsächlich wird die Kreuzigung Jesu solch ein „summa crux" abgeben, während es sich bei der Enthauptung des Täufers schlichtweg um ein Verbrechen handeln wird, von Herodes Antipas illegal vollzogen (vgl. Mt 14,1–12).

Die römische Herrschaft über den jüdischen Vasallenstaat galt den „Frommen" im Lande als das vierte Exil nach dem babylonischen, persischen und griechischen. Gemeinsam blieb hinsichtlich von Recht und Gerechtigkeit allen vier Fremdherrschaften, dass sie den jahwegläubigen Juden ein ihnen radikal fremdes Rechtsverständnis aufzwangen. Gerechtigkeit wurde nämlich entweder in der Person des Herrschers als absolut verortet oder als personale Gottheit verstanden. Für die Römer war die Göttin Justitia nicht nur ein Sinnbild, sondern eine real existierende (Schutz-)Macht, zu der man flehen konnte und der man zu folgen hatte. Justitia als mythologische Hüterin der Gerechtigkeit ist unberührbar und jungfräulich. Schon früh bei den Griechen war sie als Titanin Themis respektiert, später bei den Römern mit den drei Insignien Augenbinde, Waage und Schwert dargestellt. Bis heute sprechen die drei Symbole für die neutrale, sorgfältig abwägende, durchsetzungsfähige Rechtsfindung und Rechtsprechung.

Dass Justitia als eine unter den vielen Göttern die *eine* Legitimationsmacht für Gerechtigkeit sein sollte, lief dem jüdischen Monotheismus, seinem Offenbarungs- und Bundesverständnis zuwider. So wie es nur den *einen und einzigen* Gott gibt, der Israel in seinem (Abrahams-)Bund hält, so gehören Jahwe, Gerechtigkeit und mosaischer (Gesetzes-)Glaube untrennbar zusammen: Jahwe ist gerecht *und* barmherzig. Seine Gerechtigkeit ist nicht ohne Barmherzigkeit und seine Barmherzigkeit ist nie ohne Gerechtigkeit. Jahwes Gerechtigkeit ist somit die einzig wahre. Als Eigenschaft Gottes ist sie letztlich unergründlich wie Gott selbst. Gerechtigkeit ist daher weder eine anonyme Macht noch ist sie alleiniges Produkt menschlicher Rechtsprechung. Nicht einer einzelnen Gottheit unter vielen ist sie anvertraut, sondern dem einen und einzigen Gott ist sie souverän zu eigen. Höchstes Recht koinzidiert im Jüdischen mit jener höchsten Gerechtigkeit, die Gott selbst *ist* und vollführt. Gerechtigkeit mag als Begriff und Vorgabe für alles Recht zwar abstrakt sein, *in* Gott aber ist sie personalisiert: Er (er-)hört das Beten und Flehen der Seinen um Gerechtigkeit und lässt sie sich auf seine Weise vollziehen. So notiert z. B. die Chronik Israels: „Gott erhörte Manasses Flehen" (2 Chr 33,13). In dieser Gewissheit ruft David zu Gott:

> „Herr, erhöre mein Gebet, vernimm mein Flehen um deiner *Wahrheit* willen, erhöre mich um deiner *Gerechtigkeit* willen." (Ps 143,1)

Indem David Gott anfleht, er möge sein Beten erhören, bezieht er sich wie von selbst auf (Gottes) *Wahrheit* und (seine) Gerechtigkeit. Sie sind in Gott selbst und durch ihn entscheidend mehr als kodifizierte, mosaische Rechtssatzungen mit tendenziell eher automatischer Gültigkeit. So wie eine Leiter mehr ist als ihre Sprossen und der Aussagewert eines Satzes mehr ist als die Summe seiner Buchstaben, so ist Gottes Gerechtigkeit von einem unschätzbaren Mehrwert gegenüber allem kodifizierten und gewohnheitsmäßigen Recht.

Die rigorose Art, wie Johannes den „Pharisäern und Sadduzäern" (Mt 3,7–10; Lk 3,7–9) den „zukünftigen Zorn" (Mt 3,7; Lk

3,8) androht, ist Hinweis auf sein Verständnis von Gerechtigkeit im hier umrissenen Sinn. Als Prophet „dazwischen", zwischen gültigem mosaischem Rechtsverständnis und Gerechtigkeit, personalisiert in Gott, ist der Täufer offenbar empfänglich für Jesu Taufbegründung, „denn so geziemt es uns, die ganze Gerechtigkeit zu erfüllen" (Mt 3,15). Die Gerechtigkeit, von der Jesus spricht und die Johannes bejaht, gibt es immer nur als „ganze" oder gar nicht. Sie kann weder teilweise eingebracht werden noch – wie die Pharisäer es fanatisch versuchen – legalistisch kontrolliert werden. Weil sie von Mensch und Gemeinschaft bestenfalls gewollt, aber niemals aus eigenem Vermögen vollbracht werden kann, ist Gerechtigkeit auf Gottes Gnade angewiesen. Dadurch kommt der Gerechtigkeit in ihrer Praxis unaufhörlich Überraschendes zu, mit dem man nicht „rechnen" konnte.

Genau diese Erfahrung betrifft Johannes: Als er sich auf die Taufe Jesu skeptisch einließ, um die „ganze Gerechtigkeit" zu erfüllen, konnte er unmöglich vorauswissen, was dadurch geschehen wird. Höchstens ahnen, aber nicht vorwegnehmen konnte er, was mit „ganze" gemeint sei. Indem er sich darauf einlässt, dass Gottes Gerechtigkeit sich im Hier und Jetzt (durch sein Taufhandeln) als solche vollziehen kann, „reißt" der Himmel auf. Von dort her, aus dem Jenseits von irdischem Recht und Ritus, ereignet sich die Gnade der Geistsendung und Geisttaufe Jesu (Mt 3,16–17; Lk 3,21–22). Diese geschieht „sofort" (griech.: euthus), noch als Jesus aus dem Jordan steigt, und zwar betend, wie der Evangelist Lukas mitteilt (vgl. Lk 3,12). Gerechtigkeit ermöglicht Gottes Gnadenwirken. Unten und oben, Taufe und „Stimme aus den Himmeln" (Mt 3,17; Lk 3,22), werden zu einer dynamischen Einheit der kompatiblen Gegensätze, zu einer sprechenden und bezeichnenden conjunctio oppositorum: *Wasser* und *Geist* verbinden sich. Stimme *und* Taube bestätigen in Wort *und* Zeichen Jesus als den „geliebten Sohn" Gottes (vgl. Mt 3,17; Lk 3,22).

Das ist es, was Johannes benötigt: Die geistgewirkte Bestätigung des ihm bekannten Jesus *als* Messias. Der Heilige Geist und die andere „Stimme" aus dem „Riss" bestätigen beide und beides: Sie anerkennen und stärken Jesus als Messias und damit indirekt Johannes als seinen Wegbereiter und Verkünder. Die menschliche

Stimme des prophetisch „Rufenden in der Wüste“ könnte sich täuschen, aber die Stimme und Zeugnisgabe „aus den Himmeln“ ist übernatürlich und frei von Irrtum. Durch Gottes offenbarendes Gnadenwirken wird die „*ganze* Gerechtigkeit“ vollendet: aus Gottes Vollmacht heraus. Johannes' erkennende Schau des „Lammes Gottes“ war also keine euphorische (Selbst-)Täuschung. Sie ist wahr. Und das bewahrheitet und beglaubigt sich jetzt nicht aus menschlichem Erkenntnisvermögen, sondern aus dem Mund Gottes. Gerechtigkeit erfüllt sich in Gnade, Messiaserwartung im gnädigen „Jetzt“.

Das geschieht wahrnehmbar zumindest für Johannes und wohl auch für andere Zeugen als *epochales* Ereignis aus dem Jenseits, von den „Himmeln“ her. „Epoche“ ist das griechische Wort für: „Bruch“. Anderes und Neues „bricht“ an, und zwar erkennbar, vernünftig verstehbar und glaubwürdig: „Und alles Fleisch soll schauen das Heil Gottes.“ (Lk 3,6) Johannes ist der erste, dem dieser Einblick in das aufbrechende Heil in Jesus, dem Christus-Messias, geschenkt wird. Sein Sehen und Verstehen bezeugt er: „Und ich sah und bezeugte, dass dieser ist der Sohn Gottes“ (Joh 1,34). Auch am folgenden Tag wird er vor zwei seiner Jünger sein Messias-Zeugnis erneuern: Während er hinschaut auf den „vorübergehenden Jesus“ (Joh 1,36), wird er zum zweiten Mal prägnant sagen, was er bereits bei seiner ersten Begegnung mit Jesus aussprach: „Siehe, das Lamm Gottes!“ (Joh 1,36)

Jetzt erst, mit den zwei nachträglichen Messias-Zeugnissen des Täufers (Joh 1,32–36), ist auch von dessen menschlicher Seite her die „ganze Gerechtigkeit“ erfüllt. Weil er Zeuge des einmaligen, epochalen Geist- und Wahrheitsgeschehens wurde, bezeugt Johannes es anschaulich und identitätstark: Er „ruft“ es aus, hörbar für die Vielen. Das gehört zu *seiner* Gerechtigkeit und liegt in seinem Namen, nämlich zu bezeugen, dass „Gott Gnade erwiesen hat“ im Jesus-Messias. Als einziger unter den Evangelisten erzählt Johannes davon. Die übrigen blenden die Jordanszene sofort nach der Geisttaufe aus. Dabei folgen sie erzählerisch dem „vorübergehenden Jesus“, der nun seinerseits auf 40 Tage und Nächte in die Wüste hineingeht, wo er vom „Diabolos“, dem listigen „Durcheinander-Wirbler“ versucht werden wird.

4 Der „Riss“: Zweifel, Gefangennahme und Enthauptung

Der Glaube ist (zunächst) einfach: Johannes zwischen Bekenntnis und Zweifel

Dass Johannes nach der Geisttaufe die Zeugnisgabe aus den „Himmeln“, nämlich die „Stimme“ und das Bleiben der „Taube“ auf Jesus, nochmals bezeugt, gehört zur „ganzen Gerechtigkeit“, auf deren nötige Erfüllung ihn Jesus verwies (Mt 3,15). Jesus wird Johannes bald schon verlassen, ohne dass ein anschließendes Gespräch zwischen ihnen überliefert wäre. Jesus zieht an ihm „vorüber“ (Joh 1,36). Zwei der Jünger des Täufers folgen ihm von Ort und Stelle aus, nachdem Johannes ihnen ausdrücklich Jesus als „Lamm Gottes“ (Joh 1,36) zusprach. Johannes bleibt zurück hinter Jesus, der weiterzieht. Am Jordan und später noch in Judäas Wüste, in Anon bei Salim, „wo noch viel Wasser war“ (Joh 3,23), wird er sein Taufen fortsetzen. Er wird nicht aufhören zur Metanoia aufzurufen. Wie viele seiner Schüler ihn dabei begleiten, bleibt ebenso ungewiss wie sein weiteres Wirken. Das wird von den Evangelien nach der Jordantaufe öfters streiflichtartig erwähnt. Jedenfalls die Beziehung des Täufers zu Jesus bleibt (vgl. Mt 11,3 f.).

Der Johannes der Evangelien trifft Jesus allerdings nicht wieder. Bisweilen kreuzen sich zeitversetzt beider Wirkungs- und Tauforte (vgl. Joh 1,22–23.10,39–41). Nach seiner Reinigungs- und Geisttaufe im Jordan wird auch Jesus zum Täufer. Die „Jünger des Johannes“ (Joh 3,25) werden das sofort kritisch hinterfragen, so als ob sie die (Geist-)Taufe Jesu nicht miterlebt bzw. nicht verinnerlicht und schnell verdrängt hätten. Dem entsprechend rivalitär klingt ihre Meldung an ihren Meister:

> „Und sie kamen zu Johannes und sagten zu ihm: Rabbi, der bei dir war jenseits des Jordans, für den du Zeugnis abgelegt hast, siehe, der tauft und alle kommen zu ihm." (Joh 3,26)

Johannes wird vor seiner Gefangennahme nicht aufhören, für den ebenfalls taufenden Jesus sein „Sohn Gottes"-Zeugnis allen gegenüber abzulegen, die es hören wollen. Später, nach seiner Gefangennahme und Enthauptung, werden sie über ihn und sein Messias-Zeugnis sagen:

> „Johannes hat zwar kein Zeichen getan. Aber alles, was Johannes über diesen sagte, war wahr. Und viele kamen zum Glauben an ihn dort." (Joh 10,41–42)

Aber noch kann Johannes in Wort, Taufe und Belehrung seiner Jünger das Seine leisten, sodass „die rauen zu ebenen Wegen" (Lk 3,5) für den Messias werden können. Die entscheidende Ablehnung mächtiger jüdischer Kreise gegen *beide* Täufer setzt allerdings schon früh ein. Kaum tauft Jesus, wird er verfolgt. Wie vor ihm Johannes weicht Jesus, um sich den Zugriffen zu entziehen (vgl. Joh 10,39), nach Osten aus: „Und er ging wieder weg, fort jenseits des Jordans, an den Ort, wo Johannes zuerst taufend war und er blieb dort." (Joh 10,40)

Folgt man allen vier Evangelien auf den Spuren des Johannes, so beginnen sie jeweils für sich, aus ihren Einzelkontexten heraus, zu sprechen. Bei genauerem Hinhören fügt sich ihr mehrstimmiges Erzählen zu der ihnen eigenen Botschaft über das weitere Schicksal des Täufers und seiner Beziehung zu Jesus. Schon vor ihrer Geburt sind sie – Jesus und Johannes – füreinander fest bestimmt: Johannes' Vater Zacharias kündet in hymnischer Sprache davon bei der Beschneidung seines Sohnes (vgl. Lk 1,68–79): „Denn die Hand des Herrn war über ihm [= Johannes]" (Lk 1,67). Johannes ist am symbolträchtigen Ort, nämlich dem östlichen Jordanufer, der Täufer Jesu. Er bezeugt Jesu Geisttaufe mehrfach, so wie er zuvor bereits aus prophetischer Schau im herannahenden Jesus den „Sohn Gottes" *als* „Lamm Gottes" (vgl. Joh 1,29) ausruft. Obwohl sie einander nie mehr begegnen werden, verkündet Johannes weiterhin, d. h. bis zu seiner Gefangennahme, Jesus als den „Christus". Seine Jünger lässt er dafür ausdrücklich Zeugen sein:

> „Ihr selbst bezeugt mir, dass ich sagte: Nicht bin ich der Gesalbte (Christus), sondern gesandt bin ich her vor ihm." (Joh 3,28b)

Nicht der „Christus" zu sein, möglichst von niemandem dafür gehalten zu werden, das ist für Johannes nicht weniger als lebensentscheidend. Nur von daher lässt sich seinem *Zweifel* und seiner späten Anfrage an Jesus näher kommen: „Bist du es, der kommen soll, oder sollen wir auf einen anderen warten?" (Mt 11,3). Johannes' geistgewirkter (Sendungs-)Auftrag, seine zentrale Lebensaufgabe und seine Identität ist es, dem den „Weg zu bereiten", der seinem „Volk Erlösung bereiten wird" (vgl. Ps 111,9). Von sich selbst kann er mit ganzer Gewissheit sagen: „Ich bin nicht Christus, sondern vor ihm her gesandt" (Joh 3,28). Die „Stimme eines Rufenden in der Wüste", so nennt er sich vorsichtig, um keine falschen Assoziationen und (Propheten-)Bilder (Elija, Elischa) zu erzeugen. Auch nur fahrlässig dazu beizutragen, ihn als den Christus zu deuten, wäre Johannes unerträglich. Nicht nur, dass er – vielleicht sogar ungewollt – dadurch zu einem der vielen falschen Propheten und Antichriste würde; nicht nur, dass er seine Sendung und Identität verfehlt wüsste; er würde damit tragischerweise zur Sünde wider den Geist (vgl. Mt 12,30–32) beitragen. Johannes weiß von sich, dass er nur ein Mensch ist, wenngleich mit respektablem Stammbaum. Kein Mensch ist absolut. Aber der Messias ist es. So wie das Johannesevangelium es gleich eingangs offenbart:

> „Im Anfang war das Wort und das Wort war bei Gott und Gott war das Wort." (Joh 1,1)

Der Messias ist Logos und Licht, direkt aus Gott, vom Jenseits der „Welt" und in deren Verhältnisse hineingeboren (vgl. Joh 1,1–14). „Johannes zeugt von ihm." (Joh 1,15)

Im Bewusstsein der absoluten und unbedingt zu respektierenden Einmaligkeit des Messias versteht Johannes sein Leben: als Zacharias' Sohn, als Asket, Rufer, Täufer und Bekenner. Weder darf sich Johannes an den Platz des Messias setzen (lassen), noch darf er sich in der Person des Messias täuschen. Für deren Erkennbarkeit gibt es aber keine festen Kriterien, weil alles Einmalige unmöglich mit einem alten, halbwegs vertrauten

Kriterienkatalog fassbar wird. Weil Johannes „Mensch ist, von Gott gesandt“ (Joh 1,6) und nur Mensch, deshalb könnte er sich und womöglich ungewollt das „Volk“ täuschen, das Erlösung erwartet. Für das *Skandalon* (griech.: Falle, Täuschung/Verführung, Ärgernis) und die abgründige Tragik solcher Täuschung bzw. Verwechslung gäbe es, zurück bis zu Evas und Adams Verführung durch die Schlange, kein gleichwertiges Negativbeispiel. Sie wäre ein beispielloser Tabubruch mit Johannes als schuldigem Verführer. Das Wort „Tabu“ gibt es im Hebräischen selbstverständlich nicht, dafür aber „kadosch“. „Kadosch“ meint: von Gott selbst „ausgegrenzt“, „herausgenommen“, ihm „geweiht“ und „heilig“. Sowohl der Messias als auch der Täufer sind: „Jahwe kadosch“, d. h.: Gott heilig.

An die Heiligkeit und ursprüngliche Einmaligkeit des Messias glaubt Johannes. Dasselbe gilt für dessen baldige und epochale Ankunft, die den Abraham-Bund radikal neu fassen wird, sodass es längst nicht ausreicht zu sagen:

> „Als Vater haben wir den Abraham [...]. Denn es kann Gott erwecken aus diesen Steinen Kinder des Abraham.“ (Mt 3,9b; Lk 3,8b)

So kompromisslos wie Johannes mit den „Pharisäern und Sadduzäern“ am Jordan umging (vgl. Mt 3,7–10; Lk 3,7–9), ebenso radikal befragt er im Gefängnis angesichts seines Todes sein bisheriges Leben nach seiner Messias-Gewissheit: Sein wiederkehrender Zweifel umkreist nichts Theologisches, sondern Personelles, nämlich die *Person* Jesu als Christus. Ist er der Messias oder ist er es nicht?

Zwischen Verheißung und Erfüllung, Prophetie und Geisttaufe, Wüste und Gefängnis, Bekenntnis und Zweifel, zirkulieren die Lebenswege und Lebenstage dessen, von dem Jesus bestätigt, dass es seit Menschengedenken „keinen größeren als Johannes den Täufer“ (Mt 11,11a) gab. Johannes hielt die Einsamkeit und Schutzlosigkeit aus „in der Wüste, wo kein Weg ist“ (Ps 107,4b). Dort verdaute er „Heuschrecken und wilden Honig“. Er, der „Mensch, von Gott gesandt“ (Joh 1,6), stellte sich den Vielen, (an-)erkannte den Einen als Messias und *zweifelt* jetzt an ihm.

„Bist du es, der kommen soll …?“ (Mt 11,3): Johannes, gefangen im Zweifel

Für unbestimmbar kurze Zeit tauften beide, Johannes und Jesus. Zu Beginn seines öffentlichen Wirkens ist also auch Jesus Täufer, ohne dass er mit Johannes örtlich gemeinsam handeln würde. Wie gesagt, begegnen sie einander nach der Jordantaufe nicht mehr, bleiben aber zumindest über ihre Jünger in Kontakt miteinander (vgl. Joh 3,23–36; 10,41–42; Mt 11,2–15; Lk 7,18–23). Beide anerkennen – zwar räumlich getrennt, aber fortwährend – die Sendung des jeweils anderen vorbehaltlos.

Besonders zeugnisintensiv zusammengefasst wird die Haltung des Täufers zu Jesus (neun Verse lang) im Johannesevangelium, wenn er seine Jünger belehrt, wer der andere Täufer sei (Joh 3,26–36): „Der, der die Braut hat, ist der Bräutigam.“ (Joh 3,29a) Mit „Braut“ meint Johannes – wie sich im weiteren Textverlauf verdeutlicht – den Geist „von oben“. Sich selbst bezeichnet er als „Freund des Bräutigams“ (Joh 3,29b), der sich über dessen „Stimme“ (Sprache) freut. Sofort anschließend betont Johannes den wesentlichen Unterschied zwischen ihm selbst, dem Erdenmenschen, und Jesus, dem „aus dem Himmel kommenden“ (Joh 3,31):

> „Nun ist diese meine Freude erfüllt. Jener muss wachsen, ich aber abnehmen. Der von oben Kommende über allen ist. Der Seiende von der Erde von der Erde ist und her von der Erde spricht. Der aus dem Himmel kommende über allen ist.“ (Joh 3,32c–33)

Um die Dramatik des *Zweifels* im eingekerkerten Johannes textgenau zu gewichten, ist hinzuhören, was Johannes kompromisslos als (Messias-)„Glaube“ lebt. Welchen (Messias-)Glauben glaubt Johannes? Bereits am Jordan droht er den Pharisäern und Sadduzäern mit dem „zukünftigen Zorn“ (Mt 3,7; Lk 3,7) Gottes. Weshalb? Weil sie alle in ihrer Glaubensargumentation rückwärtsgewandt beim Abraham-Bund steril verbleiben, ohne Metanoia zu üben und „Frucht“ zu bringen, „die der Umkehr entspricht“ (Mt 3,7; Lk 3,8). Täten sie es, so würden sie „hinter“ (meta) den Glaubens- und Verstehensnormen des überkommenen Bundesglaubens Neues entdecken, nämlich *den* Neuen, Ankommenden, den „Sohn Gottes". Um diesen radikal erneuerten Glauben auf mosaischem Hintergrund dreht sich das ganze Glaubens- bzw. Messiaszeugnis des Johannes. Dass die Verheißung der früheren Propheten sich jetzt in der Ankunft des „Gottessohns" erfüllt, dass sie sich bewahrheitet, ist die eine Seite des Täuferbekenntnisses. Wer die „Stimme" aus dem „Riss" in den Himmeln, die Geisttaufe Jesu und das „Rufen" des „Freundes des Bräutigams" ablehnt, verfällt andererseits dem „zukünftigen Zorn" Gottes. Davon ist Johannes bis in seinen gewaltsamen Tod hinein zweifelsfrei überzeugt:

> „Der Glaubende an den Sohn hat ewiges Leben. Aber der Nicht-Gehorchende dem Sohn nicht wird sehen Leben, sondern der *Zorn Gottes* bleibt auf ihm." (Joh 3,36)

„Glaube" (griech.: pistis) ist für Johannes – in Abhebung vom Abraham-Bund – an das epochal *Neue* in der Heilsgeschichte Israels zu glauben, nämlich an *den* Neuen, den Messias. In ihm personifiziert sich inkarnativ und konkret das Heilshandeln Gottes, so glaubt der Täufer. „Glauben" als Akt und Haltung verlangen mehr als den noch unpersönlichen Glauben an „einen" Messias. Pistis erfordert dessen (An-)Erkennen in der Person Jesu Christi. „Glauben" (pisteuein), das ist für den Täufer, den allgemeinen (theoretischen) Messiasglauben zu konkretisieren in der *Bejahung* Jesu von Nazareth *als* Christus. Wer sich bewusst und gewollt dieser Metanoia entzieht, auf dem bleibt der „Zorn Gottes". Eben daran dürfte der Täufer wohl fixiert glauben.

Die Dramatik dieses Entweder-Oder (Glaube – Nichtgehorsam) endet gemäß Johannes in einem nicht versöhnbaren Zwiespalt: Konkreter Messiasglaube (an Jesus Christus) einerseits und „ewiges Leben"; fehlender Glaubensgehorsam (vgl. „der Nicht-Gehorchende dem Sohn") und Lebensverlust (vgl. „... nicht wird sehen Leben") andererseits. Ein „Dazwischen", so wie beispielsweise der Pharisäer Nikodemus es nächtens im Gespräch mit Jesus sucht (vgl. Joh 3), gibt es für Johannes nicht. Hierin konvergiert die Botschaft des Johannesevangeliums mit dem Verkündigungsglauben des Täufers. Seine Forderung nach Umkehr und innovativem Glauben, der aus dem Alten gezeugt und in *dem* Neuen bezeugt werden soll, diese seine *zentrale* Forderung ist kompromisslos und somit schwer vermittelbar.

Die Spaltungsproblematik fällt schließlich – vor seinem Tod – auf Johannes selbst mit aller Wucht zurück: Johannes der Täufer wird zu Johannes dem Zweifler. Diese Glaubens- und Psychodynamik vom „eingeweihten" Bekenner zum Zweifler an der Messiasidentität wird in Theologie und Kirche zumeist übergangen. Sie wird eher nicht vertieft interpretiert, sondern als sprichwörtliche „Täufer-Frage" stilisiert, die für das Evangelium überhaupt erst das kompakte Messias-Bekenntnis (vgl. Mt 11,2–19; Lk 7,18–35) rhetorisch vorbereiten würde. Wie aber, wenn es sich anders verhält, wenn die „Täuferfrage" als seine letzte Frage von Johannes todernst an Jesus herangebracht wurde? – Dann ergibt die bisher verfolgte Spurensuche eine Wendung im Sinn: Johannes, seine Menschlichkeit und sein Bekennertum, sein persönlicher Glaube und sein Leiden daran, offenbaren sich konsequent im Zweifel. Das wirft sein eigenes Licht auf die Komposition und die Anthropologie der Evangelien: Sie nehmen den *ganzen* Menschen ernst und thematisieren ihn auch so, dass Zweifel und Versuchung konstitutiv zur Vertiefung des menschlichen Glaubens gehören.

Um den Zweifel des Johannes nicht zu übergehen, sondern ihm nachzuspüren, ist zunächst zu fragen: Woran zweifelt Johannes? Seine hier schon mehrfach zitierte „Täuferfrage" (vgl. Mt 11,3; Lk 7,19–20) bringt es auf den Doppelpunkt des Entweder – Oder: Ist Jesus der Christus oder nicht? Nicht *dass* der Messias im Kommen ist, sondern *wer* unter seinen Zeit- und Glaubensgenossen als Mensch zugleich „Gottes Wort", Sohn und „Gesalbter" (Christus) sei, das ist der Angelpunkt des Zweifels. Johannes als Gefangener des Herodes Antipas (vgl. Mt 11,2.14,3; Mk 6,17) ist zugleich gefangen im Zweifel um das Allerhöchste an göttlicher Zuwendung und Gnade, ob es sich in diesem einen Menschen Jesus konkretisiert oder nicht.

Dieser Zweifel im rigorosen Stil des Alles oder Nichts erschüttert die vorausliegenden, messianischen Zeugnisgaben des Rufers und Täufers. Keine Bibellektüre, geschweige denn Exegese und Theologie können darüber hinweggehen: am Zusammenbruch des Täufers. Das ist *tragisch*, denn er nahm die Geisttaufe Jesu (vgl. Mt 3,13–17; Lk 3,21–22; Mk 1,9–11) als Offenbarungsgeschehen wahr, und nur er bezeugte:

> „Und ich kannte ihn nicht. Aber der mich sandte zu taufen mit Wasser, der sagte mir. Auf wen du siehst den Geist herabkommen und auf ihm bleiben, der ist der Taufende mit heiligem Geist. Und ich sah und bezeugte, dass dieser ist der Sohn Gottes." (Joh 1,33–34)

Zuvor bereits rief Johannes den am Jordan ankommenden Jesus aus als „Lamm Gottes" (vgl. Joh 1,28–31). Seinen Jüngern und dem Volk gegenüber wird er diese Zeugnisgabe ausweiten in seiner Gleichnisrede zu „Bräutigam" und „Braut" (Joh 3,29 f.). Johannes wirkt keinesfalls einfallslos, sondern kreativ in seinen Zeugnisreden. Den „zukünftigen Zorn" Gottes verspricht er weiterhin den etablierten Nicht-Gläubigen unter seinen Landsleuten. Und Jesus selbst bezeugt von ihm öffentlich:

> „Wahrlich ich sage euch: Nicht ist aufgestanden unter den Geborenen von Frauen ein Größerer als Johannes der Täufer […]." (Mt 11,11)

Fast im selben Atemzug deutet ihn Jesus rhetorisch dem zuhörenden Volk als „Elija, der kommen soll" (Mt 11,14). Die wechselweise Anerkennung *zwischen* Jesus und Johannes ist präzise in ihrer symbolischen Aussagekraft und unverwechselbar auf den einmalig Anderen bezogen. Eine beidseitige Zeugnispyramide wird so aufgebaut und immer glaubwürdiger. Eine Messias-Elija-Logik wechselseitiger, sich steigernder Fremdbestätigung. So scheint es. Diese *Logik* aber bricht ein und wird zum *Zweifel*. Der wird nicht von außen, nicht von den unbelehrbaren „Pharisäern und Sadduzäern" aufgeworfen. Nein, er bricht *in* Johannes selbst auf und führt ihn – biblisch gesprochen – in Versuchung. Es ist, als ob Johannes alles (fast) vergessen hätte an „Stimme", Zeichen und Wunder; als ob sie in seiner Erinnerung zu wenig zählen würden, um den vernünftigen Zweifel zu überwiegen. Und was soll er von sich selbst und seinen radikalen Zeugnisgaben halten, wenn deren Übertragung auf Jesus vielleicht (so der Zweifel!) falsch wäre? Wer wäre dann Jesus, der ihn „Elija" nennt? Und wer wäre schließlich er, Johannes?

Analysiert man die vielfachen Zeugnisgaben des Johannes, so zeigen sie sich als abgestimmt aufeinander. Sie sind kohärent. Aber sind sie applizierbar auf Jesus, gelten sie für seinen Verwandten aus Nazareth? Oder hat er sie in ihm nur verankert, weil – so hätten die griechischen Tragiker und Friedrich Nietzsche geurteilt – er einen menschlichen Ankerplatz für seine Theorie und Verkündigung brauchte, vielleicht für seine Selbstgefälligkeit, die asketisch daherkam. Kurzum: Brauchte Johannes in Jesus vielleicht nur einen überdimensionierten Bedeutungs-Träger für seinen schwärmerisch-sozialrevolutionären Messianismus?

Der Zweifel: „Riss“ zwischen Vorstellung und Wahrheit

Im Zweifel kann sich etwas an bisher übergangener Wirklichkeit andeuten. Sie drängt „zweifelnd“ zum Bewusstsein, sucht ihre Erhellung und Versprachlichung. So kann es zu einer gewissen Klärung für den Zweifelnden kommen, ohne dass sein Problem damit sachlich bereits gelöst wäre. Das gilt es auszuhalten – als Grenzerfahrung. Jeder Mensch ist sich selbst im Zweifel unentrinnbar präsent. Zwar lässt sich der Zweifel betäuben, aber er kehrt wieder. Jeder wirklich *eigene* Zweifel, der nicht aus der Identifikation mit anderen herrührt, entpuppt sich bald als mehr denn bloßer Zweifel an Etwas. Er radikalisiert sich unversehens zum Selbstzweifel mit enormer Spaltungswirkung: Wer schließlich an sich zweifelt, hat sich schon geteilt in „Ich – Mich“, was unkontrollierbar Energie verschlingt, Gedanken frisst und Gefühle einsaugt in Dauerangst. Der dänische Philosoph Søren Kierkegaard nannte den chronischen Zweifel bereits vor 180 Jahren die „Krankheit zum Tode“ (1844).

Zweifel, wenn er allerdings ausgehalten und durchgetragen wird, ohne dass man sich darin chronifiziert vertieft, ist aufschlussreich wie ein Gemälde. Er erschließt dem Zweifler die andere Seite, die bisher abgetrennt im Dunkel des Nicht-Bewussten verblieb: Ausgegrenzte Wirklichkeit, beeinflusste Wahrnehmung, verfremdete Sprache, verdrängte Gefühle, vielleicht sogar verbotenes Denken, sie alle und so Vieles mehr kann im Zweifel zu Bewusstsein, Gefühl und Aussage kommen. Nicht mit einem falschen, fremden Zweifel identifiziert zu zweifeln, sondern seinem eigenen, das ist eine persönlichkeitsbildende Leistung. Wer sich seinem Zweifel wie einem Schatten stellt, statt vor ihm auszuweichen, lernt nicht nur sein Denken, sondern sich selbst besser kennen. Der Zweifel gehört zum denkenden Menschen und seiner Selbstkorrektur, aber auch zu krankhafter Fixierung.

Zweifel auf der Gefühlsebene nennt die Psychologie „Ambivalenz“. Damit ist gemeint, dass das gefühlte „Ja“ und das gleichzeitig gefühlte „Nein" ständig hin und her tarieren wie zwei Seiten einer Waage. Ambivalenz in Gefühl und Denken auszuhalten, das kann der Krise eines Fieberwahns gleichkommen. Wie Johannes im Zweifel „gefangen" zu sein, das ist gleichsam Isolationshaft. Zweifel wie Schmerzen bewirken eine sich bisweilen ins Unerträgliche übersteigernde Selbstgegenwart. Im Zweifel muss sich Johannes wie jeder Mensch selbst ertragen: Ganz allein (mit „sich") – gefangen im Kerker.

Wer sich mit seinem Zweifel trotzdem konfrontiert, dem öffnet sich ein unvermuteter „Riss" zwischen eigener, sich wiederholender Vorstellung, unfassbarer Wirklichkeit und gesuchter Wahrheit. Im Denken allein ist kein Zweifel lösbar, obwohl die meisten Zwangskranken daran festhalten. Zu seiner Auflösung bedarf der Zweifel eines „Dritten", einer wie auch immer gearteten Antwort, die der Zweifelnde sich selbst weder im Denken noch im Einfühlen „machen" kann. Ob ihm eine solche, „erlösende" Antwort – sei es in Sprache, sei es im Geschehen, sei es aus dem Unbewussten (wie im „Traum") – zuteilwird, ist ungewiss. Der Zweifel verweist den Zweifelnden wie auch immer zwecks Lösung auf ein Anderes bzw. eine(n) Andere(n).

Der „Riss" der eigenen Vorstellungs-„Welt", die der Psychiater Karl Jaspers „Eigenwelt" nennt, wirkt dabei notwendigerweise erschreckend ernüchternd. Er wirkt geradezu als Ent-Eignung: Alles, was wir Menschen „denken", ist schließlich „ausgedacht" und damit kritisch hinterfragbar auf seinen Bezug zur Wirklichkeit. Die aber entzieht sich je neu jeder Anstrengung des Begriffs wie überhaupt der Vereinnahmung. Der „Riss" gibt die Ahnung frei für das Unermessliche und Unsagbare, das unmöglich zweifelsfrei in Sprache gehoben werden kann.

So wie sich Johannes als Vorläufer und Wegbereiter des Christus-Messias deuten lässt, so lässt sich analog der durchgestandene Zweifel als Vorbereiter und stützender Begleiter der Wahrheit verstehen. Objektiv und definitiv fassbare Wahrheit gibt es freilich nicht. Das wäre dann logische Richtigkeit, berechenbar und technifizierbar, kontrollierbar und möglichst restlos bestimmbar. „Künstliche Intelligenz" folgt dieser algorithmischen Utopie. Aber Wahrheit wäre das nicht, weil es Wahrheit weder als systematisierte noch als solche gibt. Es „gibt" sie nur um den Preis der stets gefährdeten Wahrnehmung, des Vorläufigen, das sich zeigt und wieder entzieht, um erneut im Kairos verändert aufzukommen. Wahrheit ist nie zweifelsfrei. Der hinterste Rest in der mythischen „Büchse der Pandora" mag die Hoffnung für Jedermann sein. Der „unterste", stets mitschwingende und zur Wahrheit dazugehörige „Rest" ist der potenzielle Zweifel. Wo er virulent wird, bricht er die Eigenwelt rissartig auf zum unfasslich Wirklichen hin, an dem sich „wahres Sprechen" (Jacques Lacan) „verzweifelt" abmüht.

Wie viele Propagandisten des utopisch Großen proklamier(t) en nicht Wahrheit als Wagnis und Wagnis gar als Wahrheit! Wohl keine(r) von ihnen spricht bzw. schreibt vom Zweifel, der zur menschlichen Wahrnehmung dessen gehört, was sich als „wahr" anzeigt und zuspricht, um dabei stets und bestenfalls fragwürdig zu bleiben. Wahrheit wird dann pathetisch, wenn sie zweifelsfrei wird. Jede Lüge und jedwede Psychose, alle Utopien möchten sich *restlos* vereindeutigen in das möglichst Zweifelsfreie hinein. Das ist ihr sinnwidriger, drängender Legitimationsversuch, ihre zerstörerische Versuchung am Menschen. Weder Wahrheit noch Religion und Glaube werden je – vom Zweifel bereinigt – „einfach" sein können, ohne zur Utopie ihrer selbst entleert worden zu sein.

Johannes und Jesus sind beide aufeinander und auf die Wahrheit verwiesene Täufer. Für eine mehr oder minder kurze Wirkungszeit dürfen sie es sein. Beide unterlaufen und gefährden ungewollt die Herrschaftsansprüche der dort und damals Mächtigen, die zweifelsfrei andauernd mächtig bleiben wollten. Jesus bringt diese fatale Machtdynamik, die sich so ungehindert gegen ihn und Johannes erhob, in einen einfachen Satz, der beider Schicksale umfasst:

> „Aber seit den Tagen Johannes' des Täufers bis jetzt wird dem Reich der Himmel Gewalt angetan und Gewalttätige reißen es an sich." (Mt 11,12).

Beide, Jesus und Johannes, werden schnell zu tragischen Zielfiguren im Bibliodrama um Macht, Heil und Wahrheit. Beide werden geopfert werden von irdischen Mächten. Beide werden in Versuchung geführt von geistig-sprechenden Mächten: Jesus wird sofort nach seiner Jordantaufe und Initiation vom „Geist“ (griech.: pneuma) in die Wüste geführt und dort vom „Diabolos“ (vgl. Mt 4,2 f.; Mk 1,13 f; Lk 4,2 f.) in Versuchung gebracht. Motiv und Logik des Versuchungsgeschehens sind „einfach“: Zweifelsfrei und restlos, ohne Vorbehalt, soll Jesus den Versucher als Herrn der Welt (Mt 4,8–9; Lk 4,5–6) anerkennen. Dazu soll er sich niederwerfen und ihn anbeten (Mt 4,9). Das wird er aber nicht tun.

Ebenso wenig wird Johannes der Versuchung erliegen, zum reflexionslosen Fanatiker messianischer Herrschaft zu verkommen. Weil er „wahr spricht“ in Ruf und Verkündigung und mit derselben authentischen Qualität tauft, bleibt ihm auch die Stimme des Zweifels nicht erspart. Drei typische Versuchungen (Hunger – Reichtum – Macht) unterliegen dem Wirken Jesu, ohne dass er ihnen unterlegen wäre. Zwei extreme Versuchungen, Wahrheit in Hamartia gründlich zu verfehlen, markieren das Prophetenwirken des Johannes. Beide Versuchungen beziehen sich auf den Zweifel, die eine indirekt, die andere schließlich direkt. *Indirekt* und nirgend eigens thematisiert in den Evangelien ist die Versuchung, seine Verkündigung und Zeugnisgabe ins objektiv gewisse Wissen zu steigern. Johannes entdeckt und bezeugt. Er ist „Rufer“ und spontan erkennender Zeuge, kein „Wisser“. Für seine Jünger ist er sowohl Lehrer (griech.: didaskalos) als auch Asket, der mit ihnen einübt zu fasten und zu beten (vgl. Lk 5,33.11; Mt 11,18; Mt 9,14; Mk 2,18). Wie die Apostelgeschichte im Rückblick aufweist (Apg 18,25;19,1–4) hinterlässt der Täufer kein Lehrgebäude systematisierten Glaubenswissens. Was Jahrzehnte später von ihm noch bleibt, ist – literarisch festgehalten – sein geistgeführtes Leben in Zeugenschaft mit der ihm eigenen, unverwechselbaren Menschlichkeit.

Die andere, *direkte* Versuchung aber überkommt den eingekerkerten, todgeweihten Johannes als konkreter Zweifel an Jesus als Messias:

> „Bist du es, der kommen soll oder sollen wir einen anderen erwarten?“ (Mt 11,3; Lk 7,19)

Jesu Antwort an Johannes: „und selig ist, wer nicht Anstoß nimmt an mir" (Lk 7,23)

Wie lange und wie der Zweifel den eingekerkerten Johannes bedrängte, weiß niemand. Genaueres zur „Dunklen Nacht der Seele" des Johannes erzählt die Bibel nicht. Was sie hingegen sagt, ist, wie der Täufer schließlich selbst mit seinem Zweifel umging, der je schon zu seiner allgemein menschlichen Natur gehörte wie der Schatten zum Licht, wie der Schlaf zum Wachen. Die dem Menschen fehlende restlose Gewissheit selbst im noch so authentischen Bekenntnis stößt dem eingekerkerten Täufer zu, weil er nicht übernatürlich-göttlich ist, sondern ein sensibler, einsamer Mensch. Götter mögen über jeden Zweifel erhaben sein, aber es gibt sie nicht wirklich. Johannes, der „Mensch, von Gott gesandt" (Joh 1,6), ist gerade darin real und nicht mythologisch, dass er *verletzlich* ist. Sein Zweifel ist Ausdruck seiner Verzweiflung. Seine Täuferfrage ist weder Klage noch Anklage, sondern prägnante Sprache zur Selbstvergewisserung.

Gemessen mit rationalen Maßstäben scheint es so, als ob Johannes Gewissheit infolge seiner (Offenbarungs-)Erfahrungen und Bekenntnisse nicht nötig gehabt hätte. Aber so zu denken, wäre ein rationalistischer Irrtum. Alle Bilder vom Menschen, seiner Stärke und Eigenmacht zerbrechen schließlich an der Wahrheit seiner *Ohnmacht,* über sich selbst verfügen zu können. „Keiner lebt sich selber und keiner stirbt sich selber." (Röm 14,7) Diese anthropologische Grundwahrheit zur menschlichen Existenz mit ihrer zerbrechlich-relativen Autonomie gilt mit und ohne paulinische Christuslehre. So ist jeder Mensch auf gerechte Anerkennung und liebevolle Bestätigung angewiesen, also auf das „Ja" zu sich und seinem Tun von Anderen her. Anerkennung nur am Erfolg zu bemessen, brächte eine Verkümmerung der Menschlichkeit. Dessen sind sich die (Psalm-)Beter aller Generationen vielstimmig bewusst, wenn sie Gott um Gnade und Segen bitten; wenn sie ihn ihrerseits mit Lobpreis anerkennen: „Herr, deine Gnade (hebr.: chessed) ist ewiglich. Vom Werk deiner Hände wirst du nicht ablassen." (Ps 138,8)

Niemand wird je wissen, wie der eingekerkerte Johannes betete, der doch seine Jünger das Beten zuvor gelehrt hatte. Jedenfalls sendet er zwei von ihnen mit *einer* Frage zu Jesus, der kurz vorher den „Jüngling von Naim" (vgl. Lk 7,11–16) auferweckt hatte. Dass Johannes Jesus um dessen Bestätigung als Christus-Messias anfragen lässt (vgl. Mt 11,3; Lk 7,18–20), wird von Jesus akzeptiert, und zwar ohne Vorbehalt. In seinem Antwortverhalten wendet er sich zuerst an die abgesandten zwei Jünger, direkt anschließend – nach deren Weggang – an das „Volk" (Mt 11,7; Lk 7,24), um „zu sprechen zu den Leuten (olchoi) über Johannes." (Lk 7,24)

Die Evangelisten Matthäus und Lukas überliefern die Antwort Jesu an die zwei Boten des Täufers fast gleichlautend in jeweils zwei Versen:

> „Und antwortend Jesus sagte zu ihnen: Hingegangen berichtet Johannes, was ihr hört und seht! Blinde sehen wieder (auf) und Lahme gehen umher, Aussätzige werden gereinigt und Taube hören und Tote stehen auf und Arme bekommen die Frohbotschaft zu hören. Und selig ist, wer nicht Anstoß nimmt an mir."
> (Mt 11,2–6; vgl. Lk 7,22–23)

Jesu Antwort ist von grundsätzlich anderem Format und Inhalt als Johannes sie im Entweder-Oder-Stil seiner Frage vorprogrammiert. Der Täufer, wie so viele (ungeduldige) Menschen, fordert ein „Ja" oder „Nein". Dieser Fixierung kommt Jesus *nicht* nach. Er bleibt frei und doch auf Johannes in seiner Antwort bezogen. Diese ist anschaulich und umfassend. Sie bestätigt sich sichtbar am aktuellen Heilswirken des Messias. Jesu Antwort kommt somit eine andere Wahrheitskraft zu als einem „Ja" oder „Nein". Johannes, wie so viele leidende Menschen, ersehnt die „Erlösung" vom bedrängenden Zweifel durch ein einfaches „Ja". Darin aber liegt die (Selbst- und Fremd-)Verführung, nämlich die Tilgung seines Zweifels in der vordiktierten Ja-Nein-Antwort wie in einer „Pille" zu verschlucken, um so zur Gewissheit magisch umgestimmt zu werden.

Sowohl die Bibel als auch das psychotherapeutische Gespräch zeigen, wie leidmotiviert und auf magisch-sofortige Abhilfe fixiert Menschen in eine falsche (Entweder-Oder-)Frage fliehen, falsche Antworten provozieren und nicht selten die ihnen gereichte, wahre Antwort überhören bzw. ausschlagen. Die Ja-Antwort wäre schon deshalb für Johannes nicht zweifelsfrei geblieben, denn sie löst das hintergründige Nein nicht auf: Wäre Jesus nicht der Messias, weshalb sollte er das nach allen vorherigen Bekenntnissen, noch dazu auf Distanz und vor zwei Zeugen, so ungeniert sagen? So etwa könnte sich der Zweifel des Täufers am „Ja" neu entzünden. Zweifel gebiert Zweifel und nährt sich am vermeintlich faktisch Eindeutigen. Kaum wird „Eindeutiges" dem Zweifel gereicht, so zweifelt er daran erneut, so etwa wie das Feuer, das – um Feuer zu bleiben – überspringen und weiterfressen muss.

Die Antwort, die Jesus für Johannes auf den Weg sendet, ist nicht fremdbestimmend für den Zweifelnden, sondern eröffnet ihm aus sich selbst seine Entscheidung zum Ja oder Nein. Durch diese Umkehr von passiv-aktiv ermöglicht Johannes dem Täufer seine freie Entscheidung: Er erlöst ihn nicht mit einem magischen „Ja" aus dessen Zweifel, sondern reicht ihm die hinreichenden, anschaulichen Kriterien, um selbst frei „ja" sagen zu können: zu Jesus als Messias. Er bevormundet ihn nicht durch eine Ja-Antwort, die weiterhin als Fremdantwort für Johannes bezweifelbar bliebe. So anerkennt er in seinem Antwortverhalten die Würde und individuelle Besonderheit, aber auch die fragile Identität dessen, von dem er sogleich zum Volk hin bezeugen wird, dass er „mehr" ist als ein Prophet.

Jesus weicht im Format seiner eigenständigen Antwort dem Messias-Bekenntnis übrigens nicht aus. Aber hier und jetzt auf Johannes' Frage bezogen, spricht er es nicht aus. An anderer Stelle, in anderem Kontext von Kommunikation hingegen sagt er es direkt: „Ich bin Gottes Sohn." (Joh 10,36) Was Jesus zu wem wann sagt, ist stets „wahres Sprechen" und situativ beziehungsabhängig. Später, zum Beispiel in seiner Vernehmung durch Pontius Pilatus, dem römischen Landpfleger mit höherer Gerichtsbarkeit in Jerusalem, wird Jesus ebenfalls nicht direkt antworten, sondern anders: Auf die Pilatus-Frage „Bist du der König der Juden?“ (Joh 18,33) wird er weder ja noch nein sagen, weil es sinnlos wäre. Hingegen fragt er an den Mächtigen zurück: „Sagst du das aus dir selbst oder weil es dir andere von mir gesagt haben?“ (Joh 18,34) Jesu Frage lässt Pilatus einen entscheidenden Moment lang aufhorchen und einkehren bei sich selbst, weg von den Anklagenden und ihren Projektionen. Schließlich wird Pilatus mit römischer Rechtsprechung zweifelsfrei den klaren Richterspruch fällen: „Ich finde keine Schuld an ihm“ (Joh 19,4). Jesu auf den „Einzelfall“ bezogenes Antworten bewirkt Einkehr des jeweiligen Fragers bei sich selbst und befreit (ihn) zur Wahrheit. Das mag auch für Johannes den Täufer gelten. Aber sicher ist es aus dem Textbefund nicht, obgleich es auch nicht zweifelhaft ist: Es ist offen und bleibt ein Geheimnis, das zur Wahrheit des Täufers, seiner Sendung und seinem gewaltsamen Tod gehört. Ein offenes Mysterium auf den Zweifel zu reduzieren, hieße dessen Wahrheit verfehlen.

Noch ein letztes, alttestamentlichen Beispiel zur nicht einprogrammierten Antwort vom „großen Anderen“ her, aus dem Jenseits leidenschaftlicher menschlicher Erwartung: Ijob, der „Dulder“, hadert mit seinen Freunden *und* mit Gottes Gerechtigkeit. Der „Dulder“ wird zum „Zweifler“, der radikal infrage stellt. Gottes Antwort aus dem „Gewittersturm“ (Ijob 38–41) an Ijob ist deshalb heilsam, weil sie sich an ihm vollzieht als Reise durch die Schöpfung, durch ihre Grundfeste, Elemente und Wunder. Ijob darf die Tiefen und Höhen der Schöpfung und Schöpferkraft Gottes im „Schauen“ erleben. Das heilt ihn völlig anders als von ihm erwartet. Gott ist für Ijob erfahrbar der „je größere“ geworden. Und das bekennt er als Quintessenz seiner unsäglichen Not, seiner Gotteserfahrung und Heilung:

> „Ich hatte von dir mit den Ohren gehört. Aber nun hat mein Auge dich geschaut. Darum spreche ich mich schuldig und tue Umkehr in Staub und Asche.“ (Ijob 42,5–6)

Gott wird Ijobs Umkehr nicht unbeantwortet lassen (vgl. Ijob 42,7–17), egal was der geheilte Ijob jetzt von ihm erwartet oder nicht.

Ähnlich mag es Johannes mit der Antwort Jesu ergehen, die die Entweder-Oder-Vorgabe übersteigt, indem sie auf das (messianische) Geschehen selbst verweist, nämlich auf die Heilung von Menschen mit vermeintlich bleibenden Defekten: die Blinden, Lahmen, Aussätzigen, Tauben, die Armen, „denen die frohe Botschaft verkündet wird" (Mt 11,5; Lk 7,22). Und dann sind da die „Toten", die „auferweckt werden" (egeirontai), so als würden sie wieder „gesund gemacht". Das griechische Wort „egeirein" meint beides: (aufer-)wecken, gesund machen.

Eine nicht mehr kontrollierbare Entgrenzung des Menschenmöglichen geschieht hier im Wirken des Messias. Seine Totenerweckungen jedoch – von zweien (Jüngling von Naim, Lazarus) berichten die Evangelien – sprengen das menschliche Fassungsvermögen und bestätigen ultimativ die Zeugnisgaben des Täufers: Weil diese Heilungen (Ganzwerdungen) und Erweckungen real geschehen, deshalb gilt, was die „Stimme" des Johannes „in der Wüste" rief: „Und alles Fleisch soll das Heil Gottes schauen" (Lk 3,6). Unausdenkliches, obgleich keineswegs Fantastisches geschieht erstmalig am Menschen durch den „Sohn Gottes", der sich selbst gerne bekenntnishaft „Menschensohn" nennt.

Dessen letztes (Boten-)Wort an Johannes erschließt sich auf diesem Hintergrund: „und selig, wer nicht Anstoß nimmt an mir." (Mt 11,6; Lk 7,23)

Johannes als Gefangener – Jesus als „Ärgernis“: „Und alles Fleisch soll Gottes Heil schauen.“ (Lk 3,6)

Hätte Johannes nicht gezweifelt und nachgefragt, Jesus hätte nicht so *zu* ihm (vgl. Mt 11,4–6; Lk 7,22–23) und *über* ihn (vgl. Mt 11,7–15; Lk 7,24–29) gesprochen. Der Zweifel des Einen bewirkt im „wahren Sprechen“ die Anerkennung des Anderen. Zu einer persönlichen Aussprache zwischen beiden wird es nicht mehr kommen. Die Lebens-Spannung zwischen Johannes und Jesus könnte kaum größer sein: Johannes als Todeskandidat in Gefangenschaft, Jesus in der staunenden Öffentlichkeit auf der Höhe seines messianischen Wirkens. So bewahrheitet sich das Täuferwort an seine Jünger:

> „Meine Freude ist nun erfüllt. Jener muss wachsen, ich aber abnehmen.“ (Joh 3,30)

Aber hinter dem „Wachsen“ Jesu, also parallel zur Zunahme seines öffentlichen Heilswirkens, wächst auch der „Schatten“ potenzieller Vernichtung. Dieser noch hintergründige, gewalttätige „Schatten“ hat im Bibelgriechisch einen Signifikanten (d. h. „Bezeichner“), nämlich „*skandalon*“. So bizarr es zunächst scheinen mag, *Heil und Skandalon* gehören radikal zusammen, so wie Licht und Schatten, so wie der Baum des Lebens und der Baum der (verführerischen) Erkenntnis im vorweltlichen Paradiesgarten. Und die Schlange, die über das „Wissen“ verführt, sie versteht das zu verzwecken (vgl. Gen 3,1–7).

Als Johannes noch Täufer war, damals am Jordan vor seiner Gefangennahme, rief er vornehmlich mit den Worten des Propheten Jesaja (hebr.: „Gott ist Heil“) auf zur Wegbereitung des kommenden Messias: „Bereitet den Weg des Herrn!“ (Mt 3,2; Mk 1,3; Lk 3,4). Alle drei Synoptiker dokumentieren diesen Ausruf. Ihm wird damit hohe Symbolik zugewiesen. Er wird zum emblematischen Ruf des Rufers in der Wüste. Allerdings ist es allein der Evangelist Lukas, der – in einem einzigen Satz – begründet, warum diese Wegbereitung nötig ist und wofür sie angelegt ist: „Und alles Fleisch soll das Heil Gottes schauen!“ (Lk 3,6). Das ist der Schlüsselsatz und der „springende Punkt". Hier springt die Heilsvision über vom auserwählten Volk des Abraham-Bundes zu allen Menschen: *Messianisches* Heil wird und ist *universelles* Heil für alle Völker, alle Geschlechterfolgen und Menschen; mehr noch, für „alles Fleisch". Im griechischen Text steht ausdrücklich und uneingeschränkt: „sarx" (Fleisch).

Was Johannes als prophetische (Voraus-)Schau ausspricht, beginnt Jesus nach seiner Jordantaufe und 40-tägigen Wüstenaskese zu „vollführen". „Ergazestein" ist das biblische Zeitwort dafür. Das Heil des Erweckens und Ganzwerdens ist es, das der Messias vollführt an den Krüppeln und Behinderten, den chronisch Kranken (vgl. Mt 11,5; Lk 7,21–22) und umgetriebenen („dämonisierten") Menschen. Es ist das *Heilen*, das ihm andererseits in Widerrede und Anfeindungen ein abgrundtiefes „Nein" entgegenbringt. Alles „Vollbringen" Jesu bewirkt ungewollt die dunkle Kraft der Negation: Nein, du nicht, so nicht!

Davon, von der umtriebigen Gegen-Kraft, spricht die feierliche Heilsprophetie des Täufers *nicht*, obwohl er sie bereits zu spüren bekommt, aber auch provoziert (vgl. „Ihr Brut von Giftschlangen!" Mt 3,7; Lk 3,7). Die Antihaltung gegen die *zwei* Täufer entwickelt sich schnell und unaufhaltsam beschleunigt durch Jesu Totenerweckungen. Diese Gegen-Kraft steigert und formiert sich als *Skandalon*. Vielköpfig wie die Hydra im Mythos ist das Skandalon, was sein Fortkommen und Weiterwirken sichert: Fällt der eine Kopf der Hydra, so wachsen ihr sofort an neuen Stellen neue Köpfe, Augen und Mäuler nach. Ein unendlicher Prozess der auswuchernden Selbstbehauptung, für den es in der griechischen Mythologie nur ein wirksames Gegenmittel gibt: den Helden.

Aber das Leben und dessen Skandale spielen anders. Die Heilige Schrift sagt anderes. Die Bibel ist keine wunscherfüllende Mythologie. Johannes und Jesus sind keine mythischen, unverwundbaren Helden. Zur Wahrheit der Offenbarung gehört, dass Heil *und* Skandalon abgründig in einem – wie der hl. Paulus meint – „Geheimnis des Nichtgesetzlichen", also der „anomia" (2 Thess 2,7) wirksam sind. Unter dem paradoxen Vorzeichen von Heil und Skandalon wird der letzte Satz in Jesu Antwort an

Johannes immer aussagekräftiger: „Und selig (makarios), wer nicht Anstoß nimmt (skandaliste) an mir!“ (Lk 7,23; Mt 11,6). Derart überwältigend manipulativ ist wohl die destruktive Macht des Skandalons, dass Jesus den sogar seligpreist, der solcher Sogwirkung nicht verfällt, sondern standhält.

Was also ist das „Skandalon“ und was ist unter dem zugehörigen Zeitwort „skandalizein“ am ehesten zu verstehen? Generationen von Altphilologen und Theologen stell(t)en sich fortgesetzt diese weitreichende Semantik- und Sinnfrage. Lässt man sich auf die Wortfelder zu beiden Schlüsselwörtern des Bibelgriechischen ein, so führen sie wie von selbst zu elementaren Sinnfragen des Evangeliums und wirken erhellend, freilich ohne eindeutig zu werden.

„Skandalon“ meint wohl ursprünglich „Falle“; *nicht* eine verdeckte Fallgrube, sondern eine weitläufig angelegte, raffinierte Falle, in die man Tiere treiben kann. Das Raffinierte daran ist, dass die Getriebenen in der Falle ihre Zu- und Ausflucht sehen, aber nicht den Ort, der ihnen zur Gefangennahme wird und sie zum Bleiben zwingt, ohne dass dazu Gewaltanwendung nötig wäre. Eine solche weitläufige und gut getarnte Falle ist für die Bedrängten und Flüchtigen die Versuchung schlechthin. Das sind dann auch zwei der Grundbedeutungen von Skandalon: *Falle, Verführung.* Im weiteren und abgeleiteten Sinn kommen die Bedeutungsfelder *„Anstoß“* und *„Ärgernis“* hinzu. „Skandalon“ als Hauptwort leitet sich her aus dem Zeitwort „skandalizein“. Es meint: *verführen, verwirren,* Anstoß erregen, irre werden an etwas, sich ärgern. Alle diese Bedeutungen lassen sich wie eine homologe Reihe verstehen zur *Grundidee* von Falle und Verführung.

Ist Jesus Verführer des Volkes oder dessen Erlöser? An der Antwort zu dieser punktualisierten Grundsatzfrage schieden sich schon bald die Geister. Aus der Sicht der religionspolitisch Mächtigen, der Priester und Leviten, der Pharisäer und Sadduzäer u. a. bringt Jesus in Wort und (Wunder-)Tat gefährliche Verführung: Skandalon. Vor Pilatus werden sie ihn ausdrücklich anklagen, dass er das jüdische Volk (ethnos) „aufwiegle“ und „hindere, Steuern dem Kaiser zu geben, indem er sagt, dass er der Gesalbte (Christus), ein König sei.“ (Lk 23,2)

Für das leicht verführbare Volk, „welches das Gesetz nicht kennt“ (Joh 7,49), wäre seine Lehre und sein Wunderwirken eine fatale „Falle“ (skandalon), geradezu ein „Fluch“ (Joh 7,49: „... verflucht sind sie.“). Dass Jesus nicht irgendein freches „Ärgernis“ in seinem noch jungen, öffentlichen Wirken liefert, sondern Skandalon, also „Ärgernis“ schlechthin, vor dem es das leichtgläubige Volk unbedingt zu bewahren gelte, das wird im Johannesevangelium schon bald zum unüberhörbaren Zwischenton der anderen, religionspolitischen Seite.

> „Einige aber von ihnen wollten ihn festnehmen, aber niemand legte die Hände an ihn. Es kamen nun die Diener zu den Oberpriestern und Pharisäern und es sagten zu ihnen jene: Weswegen nicht habt ihr gebracht ihn? Antworteten die Diener: Niemals hat gesprochen so ein Mensch. Da antworteten ihnen die Pharisäer: Etwa auch ihr seid *verführt* ? Etwa jemand von den Oberen ist zum Glauben gekommen durch ihn oder von den Pharisäern? Aber die Menge, die das Gesetz nicht kennt, *verflucht* sind sie.“ (Joh 7,44–49)

Dass die „olchoi“, also die (ungebildete) „Menge“ des Volkes, „verflucht“ sei, wird in dieser Textpassage weder rhetorisch noch appellativ gemeint, sondern als sachliche (indikativische) Schlussfolgerung aus den vorhergehenden fünf Versen. Die „Oberpriester und Pharisäer“, sie „verfluchen“ nicht, sondern sie sind der entschiedenen Auffassung, dass sich ein „Fluch“ vollzieht, der die Konsequenz des Skandalons sei: Die Verführung in die Christus-Erlöser-„Falle“ bewirke statt Segen Fluch. Denn der Segen ist die Kehrseite der Gesetzestreue. Der Fluch folgt der Loslösung und der Verbeliebigung wie der Abgrund dem verlassenen „Weg der Gerechten“ (vgl. Ps 1,1–2). Die „Spaltung (schisma) im Volk“ (Joh 7,43), ob der Galiläer der Messias sei, ist an sich schon ein gravierendes „Ärgernis“. Es wird zugleich mit Jesu Wirken – im Verständnis der „anderen“ Seite – existenzbedrohend für das schwache Israel als römischer Vasallenstaat. Die Vielen würden nämlich „verwirrt“ (vgl. Joh 7,40–43). Sie würden irre am wahren Glauben der Väter, sodass durch die Messias-Frage schließlich „Spaltung“ und offener Zweifel (vgl. Joh 7,41) zerstörerische Macht gewinnen würden.

Mit dem Skandalon befürchten die oben genannten, religiösen Machthaber die *Anarchie* und ihren *Machtverlust.* Mit dieser Sorge sind sie nicht Heuchler, die einen Vorwand aufbauen, sondern authentisch: Das sich durch die Person Jesu vertiefende Skandalon, das epidemisch wirke, muss folglich abgeschafft werden. Die Abschaffung des grassierenden Skandalons hat die Verwerfung von Johannes und Jesus nötig, um Schlimmeres zu verhüten. So denkt die pharisäische Logik. Jesus hat sie durchschaut und kennt ihre Tötungsabsicht: Johannes, der „Vorläufer", ist schon ins Gefängnis des Herodes (Antipas) geworfen. Die Gefangennahme Jesu wird bereits (im 7. Kapitel des Johannesevangeliums) angeordnet. Jesus wirkt öffentlich stets auf des „Messers Schneide", am Rand von Verrat und Verwerfung, Todesurteil und Ermordung.

Wenn er also über die zwei Boten-Jünger zu Johannes ausdrücklich vom Skandalon spricht, sagt er die dunkle Wahrheit der Fehlbeurteilung seiner Person und der gewollten Vernichtung seiner „Reich-Gottes"-Verkündigung: „Und selig, wer nicht *Anstoß nimmt* (skandalizein) an mir" (Mt 11,6; Lk 7,23). Jedenfalls in der Version des Evangeliums ist dies das letzte Wort Jesu an Johannes. Was es bei dem bewirkte, bleibt ungesagt. Johannes wird bald geköpft werden, aber sein Leib immerhin begraben. Denkbar, dass er die Pointe in Jesu Schlusswort verstand. Sie ist überraschend: Die Logik der Täufer-Frage kehrt Jesus um, sodass sie plötzlich Johannes, dessen Wirken und Zweifel, unentrinnbar betrifft. Wer so fragt wie Johannes, ist zumindest nahe dem Skandalon, das der bzw. den Zweifel fördert. Jesus verlangt von Johannes *nichts*. Er gibt ihm vielmehr einen erweckenden Hinweis:

„Selig" (makarios), wer sich in der Krise des Entweder-Oder, des Christus oder Skandalon, nicht auf das „Anstoß nehmen" (skandalizein) einlässt.

Jesu Antwort an das Volk: Johannes, der „Bote vor deinem Angesicht“ (Lk 7,27)

Obwohl Johannes als der Gefangene des Herodes und der Herodias eingekerkert bleibt (vgl. Mt 11,2), obzwar er seine zweifelsstarke Entweder-Oder-Frage an Jesus ausrichten lässt, ohne ihm nochmals von Angesicht zu Angesicht zu begegnen, gibt ihm Jesus *seine* Antwort. Direkt anschließend daran würdigte er ihn seiner besonderen Anerkennung und Zeugnisgabe (Lk 7,24 f.; Mt 11,7–14). Nirgends sonst wird im Neuen Testament über einen sterblichen Menschen solches in aller Wahrheit gesagt als das, was Jesus über Johannes bekundet „vor dem Volk“ (Mt 11,7).

Rhetorisch weit ausholend hinterfragt Jesus die Autorität des Täufers: seinen Auftrag, seine Herkunft und Sendung. Er nennt Johannes „mehr als einen Propheten“ (Mt 11,9; Lk 7,26), nämlich den „Boten“ (angelos), der ihm „den Weg bereiten soll“ (Mt 11,10b; Lk 7,27). Schließlich, gleichsam als Höhepunkt und Ende seines Plädoyers, bestätigt Jesus ihn – in der Version des Matthäusevangeliums – als den „Elija, der kommen soll“ (Mt 11,14).

Also doch: Johannes der Täufer als der andere, neue Elija! Damals am Jordan, als die aus Jerusalem abgesandten „Priester und Leviten“ (Joh 1,19), die „sich nicht von ihm taufen“ (Lk 7,29) ließen, ihn nach seiner Identität befragten („Wer bist du?“ Joh 1,19), blieb es nicht dabei. Sie unterschoben ihm projektiv „Elija“, d. h. „*der* Prophet“ (Joh 1,21) zu sein oder gar „Christos“. Konsequent antwortete ihnen Johannes dreimal mit „Nein“: Weder sei er der „Christus“ noch „Elija“, noch „der Prophet“. „Stimme eines Rufenden in der Wüste“ (Joh 1,23) sei er, so lautet sein bildloser Verweis auf sich selbst.

Zunächst scheint es, auf dem Hintergrund der Jordan-Ereignisse (Metanoia-, Messias-Botschaft, Taufe Jesu) einen Widerspruch abzugeben, dass Johannes nun doch – später und zweifelsfrei – von Jesus als „Elija“ bezeugt wird. Aber gerade dieser zunächst logische Widerspruch lässt genau hinhören, wer was zu und über Johannes als (zweiten) Elija zu sagen weiß.

Hätte Johannes die ihm zugewiesene Bezeichnung und prophetische Rolle des Elija übernommen, er hätte sich fatalerweise auf ein projektionsbesetztes Klischee eingelassen, dessen Übernahme ihn entfremdet und belastet hätte. Es wäre unwahr gewesen: Eine unmögliche Wiederholung des „vergangenen" Propheten. Johannes wäre zum Gefangenen von fremden Vorstellungen geworden, die sich aus alttestamentlichen Texten, Erzählungen und Volksmythologien gespeist und verdichtet hätten, um ihre Projektionsfläche aufzubauen, nämlich *„den* Propheten". Auf ihn hätten sie sich fixiert, um misstrauisch und fordernd zugleich einen Popanz zu generieren. Johannes wäre zum Opfer falscher Bilder und Begehrnisse geworden. Er hätte aufgehört, „Wegbereiter" zu bleiben, hätte er die Versuchung zur falschen Identität nicht *strikt sofort* abgewiesen. Jemanden zu vernichten, indem man ihn maßlos überhöht und damit entwurzelt, ist seit jeher eine bewährte Strategie überall dort, wo Öffentlichkeit begehrlich zirkuliert, ihre Helden und Opfer fixiert.

Wenn also Jesus von Johannes als „Elija" spricht, eröffnet diese Zeugnisrede statt einer aufdringlichen Projektionsfläche eine grenzwertige Dimension von Wahrheit. Jede Projektion als Übertragung generiert sich aus dem (womöglich unbewussten) Vergleich. Jesus hingegen vergleicht Johannes zunächst nur deshalb mit den früheren Propheten, um diesen Vergleich als *ungültig* auszuweisen. Anders gesagt: Er greift die Prophetensuche des Volkes und ihr stets projektionsbereites Begehren auf, um sie zu enttäuschen:

> „Aber was seid ihr hinausgegangen [i. e. in die Wüste] zu sehen? Einen Propheten? Ja, ich sage euch, sogar einen *Größeren* als einen Propheten. Dieser ist es, über den geschrieben ist: Siehe, ich sende meinen Boten her vor deinem Angesicht, der bereiten soll deinen Weg vor dir." (Mt 11,9–10; vgl. Lk 7,28)

Mit dieser Ausdifferenzierung, die nicht mehr an die abgesandten zwei Jünger des Johannes gerichtet war, sondern einer breiteren Hörerschaft gilt, annulliert Jesus die damalige und traditionelle Prophetenerwartung als (projektiv) falsch: Die Zeit der Propheten war und sie ist vorbei. Heilsgeschichtlich Neues kommt, geschieht und formt seine Sinn- und Handlungsträger. Übertragungen aus dem erzählten Damals in das suchende Heute spätjüdisch-römischer Exilzeit, solche Übertragungen sind Tagträume. Erkenntnislos und blind bleiben sie gegenüber dem angebrochenen neuen Äon, dessen „Reich der Himmel" (Mt 3,2b) nicht projektiv und rückwärtsgewandt empfangen werden kann.

Eindeutig und zugleich nach vorne in Zukünftiges offen, ist Jesu ebenso logische wie elementare Unterscheidung: Johannes ist kein Prophet, weil er „mehr ist als ein Prophet" (Mt 11,9). Ihn als einen weiteren Propheten mehr – und sei es als „zweiten" Elija – in die alten Reihungen der großen und kleinen Nordreich-, Südreich- und (Nach-)Exilpropheten einzureihen, das wäre vergewaltigend. Es wäre im Sinne von Mt 11,12 ein „biazein", d. h. ein „Gewalt antun". Das brächte eine zwangsweise Formatierung des „Reichs der Himmel": eine gewalttätig-projektive Zwangseinpassung des Johannes in die ungültig gewordene, überkommene Weiterreihung der Prophetenchroniken. Jesus sagt es eindeutig: Ein Prophet, so wie man ihn sich seit frühen Tagen der Landnahme Israels vorstellen darf, eine solche bloße Wiederholung des Jüdisch-Prophetischen in der Person des Johannes, das ist der Täufer keinesfalls. Wer das aktiv verleugnet durch eine falsche Prophetenzuweisung an Johannes, des „Zacharias Sohn", der entwertet das Neue des neuen Äons zum „neuen Alten" und verleugnet es dadurch.

Zwar werden Johannes und bald darauf Jesus dieser machtvollen Verleugnung leiblich zum Opfer fallen. Aber in dem Moment, in dem diese Klarstellung aus dem Munde Jesu spricht, gelingt eine elementare Differenzierung (Altes – Neues; Propheten – Johannes) statt der Verleugnung durch Angleichung. Wenn aber Johannes nicht einfach wieder Elija sein soll, wer ist er dann gemäß der Worte Jesu? Und wer war Elija?

Elijas Eifern für Jahwe durchzieht die Chronikbücher des Alten Testamentes. Der hebräische Name Elija besagt: „Mein Gott ist Jahwe". Sein Name wird Elija (griech.: Elias) zur Lebensaufgabe. Er vollführt sie opfervoll und provokativ sein Leben lang, bis ihn Jahwe „in einem feurigen Wagen mit feurigen Rossen" (2 Kön 2,11) im „Wettersturm in den Himmel" auffahren lässt.

Elischa, sein Schüler, ist Zeuge dafür. Einmalig ist diese Entrückung in den gesamten alttestamentlichen Schriften. Allein in den Evangelien wird der auferweckte Jesus, während er seine Jünger segnet, „in den Himmel emporgehoben" (Lk 24,51). Elija widerfährt also die einmalige, gnädige *Ausnahme*, dass er nicht stirbt. Selbst Mose, der „Knecht des Herrn" (Dtn 34,5), wird vom Tod nicht verschont. Er stirbt auf dem Berg Nebo. Gott selbst begräbt ihn unten, „im Tal der Moabiter" (Dtn 34,6). Niemand kennt sein Grab (vgl. Dtn 34,6). Bei Elija kennt man allerdings den Ort seiner Entrückung. Es ist das östliche Ufer des Jordan, dessen Wasser sich teilte, sodass Elija mit Elischa trocken hindurchging (2 Kön 2,8). Dort holte der „feurige Wagen" den ab, der nicht stirbt. Dort, am Ostufer, gegenüber von Jericho, wird Johannes taufen. Das tat Elija nicht. Sein Auftrag war ein anderer.

Elijas Sendung ist es, unter Einsatz seines Lebens Jahwe als den einen und einzig wahren Gott zu bezeugen, weil (unter Judas jungem König Ahab und seiner Frau Isebel) der Vielgötter-Glaube auch das Südreich Juda zu überfluten beginnt:

> „Und sie [i. e. Israels Söhne] räucherten auf Kulthöhen, wie die Volksstämme, die Jahwe ihretwegen weggeführt hatte. Und sie trieben schlimme Dinge zu kränken Jahwe. Und sie dienten den Götzen […]." (2 Kön 17,11–12a)

Elija wirkt als Prophet gegen die Baalim, die Ortsgötter, um den offenen Frevel und die Auslöschung des Jahweglaubens zu verhindern. Je neu und blutig gegen Ahabs 250 Baal-Priester (vgl. 2 Kön 18) erweckt Elija unter Lebensgefahr die lebendige Erinnerung der „Söhne Israels" an ihren Gott (Elohim), „der sie heraufgeführt hatte aus dem Land Ägypten" (2 Kön 17,7a). Auf seiner Flucht vor Königin Isebel in der Wüste Judas wird er – versteckt in einer Höhle – im „stillen, sanften Sausen des Windes" (1 Kön 19,12b) Gottes Gegenwart erkennen, Jahwes Sprechen vernehmen und bald darauf seinen Schüler Elischa berufen. Der wird ihn viele Wege und Erlebnisse lang schließlich bis zum Jordan begleiten. Als Elija dort entrückt wird, lässt er Elischa seinen Mantel zurück als (Über-)Gabe zur Nachfolge. Von da an „ruhte der Geist Elijas auf Elischa" (2 Kön 2,15).

Ein größerer Prophet als Elija war seither nicht mehr aufgekommen im Zwölf-Stämme-Land. Weil er im „feurigen Wagen" entrückt wurde, also *nicht starb,* glaubten viele im Volk an dessen *Wiederkehr* am Ende der Zeit. Johannes als die Wiederkehr des Elija, das war die Prophetenrolle, die ihm viele zudachten und manche unterschieben wollten. Hätte Johannes sie angenommen, so wäre das ein Skandalon gewesen im vorhin besagten Sinn. Was also ist das Besondere an Johannes, das ihn wesentlich von Elija unterscheiden sollte?

Während Johannes nach der (Messias-)Identität Jesu fragt, spricht der von dessen Identität zum Volk. Eine einmalige Überkreuzung, die ihre eigene Verbindlichkeit erzeugt. Das *Einmalige* an Johannes, das Jesus vor dem Volk bezeugt, ist, dass er *„Bote* (angelos) *vor"* und für den Messias ist:

> „Dieser ist es, über den geschrieben ist: Siehe, ich sende meinen Boten *vor* deinem Angesicht, der bereiten soll deinen Weg vor dir." (Lk 7,27)

Johannes: Vielleicht doch der „kommende Elija"? (Mt 11,14)

Der Text, den Jesus in Lk 7,27 („Siehe ich sende meinen Boten ...") interpretierend aufgreift, gehört zur zentralen Gerichts- und Heilsaussage des Propheten Maleachi: Der wirkte um 450 v. Chr., also zur Zeit des persischen Exils. Maleachi heißt übersetzt: *mein Bote.* Gemeint ist der „Bote des Bundes", den Jahwe sendet, um den Weg frei zu räumen, „und plötzlich kommt zu seinem Tempel der Herr" (Mal 3,1). Mit „Herr" (Adonai) ist bei Maleachi Gott gemeint. Jesus setzt sich in seiner Auslegung des Verses an die Stelle von Adonai und Johannes an die seines Boten! Der ist bei Maleachi der „Bote des Bundes" und der großen Umkehr:

> „Und er wird kehren das Herz der Väter zu ihren Söhnen und das Herz der Söhne zu ihren Vätern, dass nicht ich komme und schlage das Land in Bann." (Mal 3,24)

Mit diesem Vers, der den Herzensfrieden zwischen den Generationen einfordert und andernfalls den „Bann" androht, endet das Buch Maleachi. Eigentlich ist es eine Schriftrolle, die nach späterer Gliederung (nur) drei Kapitel umfasst, dabei allerdings zentral auf Elija hinweist:

> „Siehe, ich bin sendend euch Elija, den Propheten, vor dem Kommen des *Tages Jahwes, des großen und furchtbaren.*" (Mal 3,23)

Also wäre – gemäß Maleachi – Elija der Bote und Prophet *vor* der großen Umgestaltung, die Alte und Junge, Väter und Söhne, betrifft. Das Kommen dieses Boten bzw. des „Tages Jahwes" geht ausnahmslos ganz Israel an. Die Prophetie Maleachis ist also die *Botschaft über den Boten,* der vorher und vor Adonai gesendet sein wird, „bevor der Tag des Herrn, der große und furchtbare, kommt" (Mal 3,23b).

Wenn Johannes also, wie im Evangelium mehrfach herausgestellt, *der* „Bote vor" (vgl. Lk 7,27) sein soll, weshalb sollte er nicht Elija sein? Eine solche Vermischung der Identitäten wäre allerdings fantastisch und konfabulativ. Psychologisch gesehen brächte man beide Einzelpersonen, Johannes und Elija, in eine entgrenzte Gemengelage, d. h. in Identitätsdiffusion, die ihrerseits als Skandalon wirken müsste: Johannes ist *kein* mystisch-magischer Wiedergänger Elija. Er ist weder dessen Reinkarnation noch ist seine Sendung deckungsgleich mit der des Elija aus den alten Chronik- und Prophetenbüchern. Johannes ist anders und hat auf *den* Anderen, *nicht* auf Adonai, sondern auf den Messias hinzuweisen. Für ihn hat er zu wirken. Johannes selbst versteht sein Rufen und Taufen ausdrücklich aus diesem, seinem messianischen Gegenwartsbezug. Auch Jesus tut das, allerdings eine Vierteldrehung anders als Johannes.

Jesus rückt in seinen Zeugnisreden (vgl. Mt 11,14; Lk 7,27 u. a.) den Täufer erzählerisch in die Nähe des Elija, setzt ihn mit diesem aber *nicht* gleich. Für alle in Israel, für die Gebildeten wie für die olchoi (Volksmenge) ist „Elija" zu einem gängigen, weitläufigen (Sammel-)Begriff geworden. Dem Namen Elija kommt hohe projektive Aufladung und identifikatorische Kraft zu. Ähnliches gilt übrigens auch für Maleachis „Tag Jahwes". Beides lädt die zeitgenössischen Hörer von damals sofort ein zu (Gefühls-)Reaktionen, Spekulationen und Streit. Heil und Skandalon liegen hier dicht beieinander: Die historische Person Elija wird geschichtlich zur einmaligen Boten- und Prophetenpersönlichkeit des Elija auf dem „Feuerwagen", dem „Wagen Israels" (2 Kön 2,11–12). In den fortgesetzten politischen Schwäche- und Exilzeiten lädt sich Israel auf mit Stärke aus dem Symbol „Elija" und seiner Wiederkunft.

An diese breit gefächerten Vorstellungen seiner Hörer schließt Jesus vorsichtig formulierend an, wenn er schließlich bezeugt:

> „Und wenn ihr es so halten (deskesthai) mögt: Er ist Elija, der kommen sollende. Der Ohren Habende höre!" (Mt 11,15)

Jesu Zeugnis für Johannes vor den Vielen ist hier, rhetorisch bewegt, auf die Fassungskraft und das Vorverständnis seiner Zuhörer abgestimmt. „Elija" ist in Jesu Rede eine *Symbolfigur*.

Sowohl in der Textversion des Matthäus als des Lukas kommt es Jesus auf die *unvergleichliche* Sonderstellung an, die Johannes heilsgeschichtlich einnimmt: Er mag für die Vielen, wie der Psychologe Carl Gustav Jung es vielleicht ausdrücken könnte, den Archetypus des (Elija-)Propheten verkörpern. Er mag unbestritten der frühere Urtypus des Propheten im neu anbrechenden Heilsgeschehen sein. *Zugleich* ist Johannes entschieden „mehr" für Jesus. Entsprechend wendet er sich – wiederum rhetorisch akzentuiert – an seiner Hörer:

> „Oder, was seid ihr hinausgegangen zu sehen? Einen Propheten? Ja, ich sage euch, sogar einen *Größeren* als einen Propheten." (Mt 11,10)

Für Jesus ist Johannes der „Bote vor" ihm her (vgl. Mt 11,10); für das Volk mag er eher die mythische Figur des „kommenden Elija" abgeben. Das gesteht Jesus der Menge zu, betont aber zuvor:

> „Wahrlich ich sage euch: Nicht ist aufgestanden unter den von Frauen Geborenen ein größerer als Johannes der Täufer [...]." (Mt 11,11a)

Die *absolute Sonderstellung* des Täufers unter allen seit Kain geborenen Menschen mutet selbst aus dem Mund Jesu gesprochen unheimlich an. Nirgends in der Geschlechterfolge der „von Frauen Geborenen" ist ein ihr vergleichbarer Ort, der die exklusive Stellung des Johannes menschlich relativieren und umfrieden würde. Getrieben und unbeheimatet ist das Leben des Einzel- und Grenzgängers. Es verweist auf die in Johannes erreichte, wiederum absolute *Grenze*, an der die Menschengeschlechter, alle Propheten Israels und selbst das (mosaische) Gesetz angekommen seien: „Denn alle die Propheten Israels und das Gesetz haben geweissagt bis Johannes." (Mt 11,13) Die Grenze, die das Ende der bisherigen, prophetisch geprägten und im Gesetz stabilisierten Identität Israels bezeichnet, ist zugleich der messianische Kairos für die Befreiung des „Himmelreiches" vom Missbrauch durch „Gewalttätige", die „es an sich reißen" (Mt 11,12).

Diese Erklärung gibt Jesus an das Volk, während Johannes von Herodes gewalttätig inhaftiert ist, d. h. während er isoliert ist und bis in den elementarsten (Selbst-)Zweifel erschüttert. Jesu Zeugnis für den Täufer mag zwar nicht die Herodianische Gewalttat auflösen, aber die Frage nach Johannes' Identität und nach seinem Täufertum wach halten. Denn „das Volk war in gespannter Erwartung." (Lk 3,15)

Was den *Zweifel* des Täufers an Jesus als Christus anbelangt, so bleibt es das Geheimnis des Johannes, wohin sein Zweifel und Jesu *Antwort* ihn vor seinem Tod innerlich führten. Den Kerker wird er nämlich nicht mehr lebend verlassen. Keinerlei Sprache oder gar Botschaft von ihm kommt mehr nach außen. Aber es scheint nur so, als ob das „Kapitel Johannes" gewaltsam abgeschlossen wäre.

Der Irrtum in der Verkündigung des Täufers: „... mit unauslöschlichem Feuer verbrennen" (Mt 3,11; Lk 3,17)

Johannes, zweifelnd am Christus-Messias und isoliert im Gefängnis des Herodes Antipas (vgl. Lk 3,19; Mt 14,3 f.; Mk 6,17 f.), nimmt sich nunmehr anders aus als zuvor in der Rolle des selbstbewussten Täufers. Obwohl die neutestamentlichen Texte kein Psychogramm liefern, ist ihr Bericht- und Erzählstil durchlässig auf die Emotionalität des Täufers, auf dessen spirituelle und psychische Dynamik. Johannes bewegt sich zwischen Juda, Jordan und „einsamen Gegenden" (Lk 1,80). Als geistgeführter Asket und Eremit, an den „das Wort (rhema) des Herrn erging" (Lk 3,2), ist er unterwegs. Befragt wer er sei, antwortet er mit dem sublimen Selbstverständnis: „(Die) Stimme eines Rufers" (Joh 1,23). Doch der Inhalt seines Verkündigungs-Rufens erweist ihn als „Boten" (angelos): „Siehe, ich sende meinen Boten vor dir her, der dir den Weg bereiten soll." (Mk 1,2) So, „wie (es) beim Propheten Jesaja geschrieben steht" (Mk 1,2a), präsentieren alle Evangelien Johannes als: „Boten vor" dem Messias zu dessen Wegbereitung.

Und so versteht sich auch Johannes selbst in seiner Verkündigung ans Volk: Er interpretiert sich als Bote und (Wasser-)Täufer, der nicht würdig sei, die „Schuhriemen" des ankommenden Messias zu lösen (vgl. Mk 1,8). Dessen Wirkmacht in Gericht und „Feuertaufe" anerkennt Johannes nicht nur, sondern proklamiert sie nachdrücklich. Er ist überzeugt, dass der Messias den „Tag Jahwes, den großen, furchtbaren" (Mal 3,23) machtvoll durchexerzieren werde, sodass vornehmlich die Pharisäer und Sadduzäer dem „zukünftigen Zorn" (griech.: orge = Zorn, Wut, Strafe) nicht werden „entfliehen" können (vgl. Mt 3,7; Lk 3,7). Fast wortgleich fassen Matthäus und Lukas die Metanoia-Rede(n) des Täufers zusammen als das, was man leidenschaftliche Drohreden (im prophetischen Stil) nennen kann:

> „Er wird euch taufen mit heiligem Geist und Feuer. In seiner Hand ist die Worfschaufel zu reinigen (diakatharein) seine Tenne und zu

> sammeln den Weizen in seine Scheune. Aber die Spreu wird er verbrennen mit unauslöschlichem Feuer." (Lk 3,16b–17; vgl. Mt 3,11–12)

Der Johannes der Evangelien ist merklich überzeugt davon, dass strenge, spirituell-moralische Reinigung und Unterscheidung der „Spreu" vom „Weizen" die notwendigen Vorgaben und das *nötige* Gericht des Messias sein müssen, gleichsam die Bedingung und Methode, damit dadurch „alles Fleisch das Heil Gottes schauen soll" (Lk 3,6). Für Jesaja, auf den sich Johannes bald sinngemäß, bald wörtlich bezieht, muss zunächst die „Herrlichkeit des Herrn offenbart werden" (Jes 40,5), damit in ihr – wie in einem neudimensionalen Gegenüber – „alles Fleisch das Heil Gottes schauen" kann. „Schauen" meint dabei, wie bei Ijobs Heilung (vgl. Ijob 38–42), nicht etwa (nur) „anschauen", sondern ein existenzielles Erleben, das Erweckung und Ganzsein spendet. Der „Tag des Herrn" soll diese „alles Fleisch" umfassende Erneuerung bewirken. Die „Feuertaufe", die *allein* dem „Gesalbten (Christus)" des Herrn aufgetragen ist und vorbehalten bleibt, wird Spreu von Weizen radikal trennen. Sie lässt in der „Herrlichkeit des Herrn" das „Heil Gottes" in mystischer Schau leibhaftig erlebbar werden. Vorgängig bzw. begleitend zu dieser „großen und furchtbaren" Heilserfahrung ist für den Täufer die radikale Diakatharsis (Reinigung), die nicht der „Bote", sondern der ankünftige Messias selbst kompromisslos durchführen wird, um die „Herrlichkeit Jahwes" (Jes 40,5) und das „Heil Gottes" erlebbar werden zu lassen.

Die „Worfschaufel" ist bildhaftes Instrument und Symbol der Vollmacht des Messias, die radikale *Diakrisis* (Unterscheidung) durchzuführen: Das Eine soll vom Vielen, die Einen von den Anderen, die „Spreu" vom „Weizen", unerbittlich getrennt werden. Zu dieser radikalen Trennung gehört für den Täufer wesentlich die Vernichtung der unfruchtbaren, wertlosen „Spreu" durch deren Verbrennen mit „unauslöschlichem Feuer" (Mt 3,12; Lk 3,17). Die Diakatharsis des Messias ist für Johannes gnadenloses *Gericht*. Der Messias ist *Richter* und *Heiler*.

Der „zukünftige Zorn", den Johannes denen androht, die sich entschieden nicht auf Metanoia (und Reinigungstaufe) einlassen, ist der „Zorn Jahwes“, durch den der Messias das „Heil Gottes“ heraufführen wird. Unter „Zorn“ ist dabei weniger eine Gemütsregung zu verstehen, sondern (vom griechischen Zeitwort: orgein) ein von innen kommendes, radikales Verlangen, das sich nach außen Bahn bricht. Dem Messias die „Bahn“ bereiten, ist für Johannes mit Bezug auf die Propheten Maleachi und Jesaja die Aufgabe des Boten. Derart wohl begreift Johannes seine Boten-Sendung. In ihr gehören Metanoia, Reinigung, Gericht und Heil zusammen. Zu den ersten beiden ruft Johannes als Täufer. Die beiden Letzteren sind allein dem Messias und seiner „Feuertaufe“ aufgetragen und vorbehalten. Sie von Grund auf zu vollführen, erhofft Johannes von dem, der als Messias nach ihm kommt, weil er schon vor ihm (als Logos) war. Solches also erhofft er von Jesus als Christus.

Mit der hier hinterfragten Messiaserwartung des Täufers verdeutlichen sich deren Grundsätze, die von Johannes nirgends direkt, satzhaft ausgesprochen werden, allerdings seine Verkündigung begründen und (auch rhetorisch) durchformen: Johannes erwartet – alttestamentlichen Vorgaben (Maleachi, Jesaja) folgend – *Gericht und Heil* durch den Messias. Messianische Heils-Vermittlung ohne vorausgehendes bzw. gleichzeitiges Gericht (Reinigung, Diakrisis) und *Verwerfung* ist dem Täufer fremd und ihm schwerlich glaubwürdig. Mit seiner Denkart der zwangsläufigen Kombination von Heil mit Gericht und Verwerfung glaubt Johannes im alttestamentlich-prophetischen Sinn an den Messias als Vollstrecker des „Tag(s) des Herrn“. Kurzum: Johannes' Verständnis des Messias ist hierin alttestamentlich. Er überträgt es auf Jesus mit der nötigen Skepsis bei dessen Taufe (vgl. Mt 3,13–17) und behält es weiterhin bei: Darin liegt wohl der *tendenzielle Irrtum* des Johannes betreffend den Christus-Messias.

Jesus aber braucht nicht den (Heils-, Gerichts- und Verwerfungs-)Vorstellungen des Johannes zu entsprechen, um in Wahrheit Messias und damit er selbst zu sein. In seinem Wirken, das Johannes bald schon nur mehr aus der Ferne, in Gefangenschaft und vom Hören-Sagen verfolgen kann, profiliert sich Jesus *anders* als Messias als Johannes ihn in seinen (Droh-)Reden mutmaßlich bewillkommnet: Jesus ist *nicht* der Vollstrecker des „Zorns

Jahwes". Er hat *keine* „Worfschaufel" in der Hand und er verwirft niemand in „unauslöschliches Feuer". Hingegen gehört es zur Wahrheit und Heilkraft seines Evangeliums, dass Gott die Sonne aufgehen und scheinen lässt über „Böse und Gute" (Mt 5,45); dass für ihn das Unkraut auch Pflanzenkraut ist und dass im Himmel mehr Freude ist über einen Sünder, der umkehrt, als über „99 Gerechte" (Lk 15,7), die der Umkehr vermeintlich nicht bedürfen.

Der Messias Jesus ist anders als Johannes ihn zunächst – vom alten Testament her – verstand. Auch das gehört zum Messiasgeheimnis. Möglich, dass Johannes durch seinen Zweifel sowie durch Jesu Antwort eine entscheidende Korrektur erfuhr. Ausgerechnet er, der mit so starkem Durchsetzungsvermögen den Vielen den Gesinnungswandel predigte, könnte in Gefangenschaft befreit werden von ungültigen Übertragungen aus der Prophetensprache auf den „Sohn Gottes". Solche Ent-täuschung würde ihn Christus nochmals anders erkennen lassen: Denn für Johannes gibt es im Gericht weder Barmherzigkeit noch Gnade, die verschont. Nicht nur der Zweifel des Johannes, sondern sein pragmatischer Denk- und Glaubensstil ist angelegt auf das Entweder-Oder. Diese Form der Logik lässt weder Ausdifferenzierungen noch Ausnahmen zu. Sie ist spaltend und totalitär zugleich. An Jesu öffentlichem Wirken kann Johannes lernen, was ihm bisher undenkbar und fremd blieb: Dass Gottes Gerechtigkeit nicht ohne Barmherzigkeit ist und seine Barmherzigkeit nicht ohne Gerechtigkeit. Beides zusammen wirkt heilvoll als Gottes Antwort. Sie kommt der Umkehr des Menschen halbwegs entgegen, wie der Vater dem heimkehrenden Sohn (vgl. Lk 15,11–32), der kein „verlorener" (mehr) ist und es nie war, wie ein Entweder-Oder-Denken es unterstellen könnte.

Dabei ist Johannes der Täufer eine vielschichtige Persönlichkeit mit polyphoner „Stimme". Auf seine Sprache und Zeugnisgabe möglichst genau, vorurteilsfrei zu hören, ohne sich vom schon „Gewussten" (ver-)führen zu lassen, das hilft, ihn sowie seine Wegbereitung und schließlich die Evangelien besser zu verstehen.

Die polyphone „Stimme" des Johannes: Drohrede und Bußpredigt – Zeugnisgabe und Standespredigt

Der Johannes der Evangelien ist alles andere als ein monotoner „Rufer in der Wüste" mit ritualisierten Taufhandlungen. Die „Stimme", die er ist, tönt polyphon. Ihre Reichweite trägt durch die „Wüste Judas" (Mt 3,1) bis nach Jerusalem und zu Herodes. Gehört wird sie als Pro-Vokation: Sie ruft auf und hervor; bewegt die Volksmenge, die Priesterschaft und die Mächtigen. So bleibt sie nicht ohne Widerhall, Widerspruch und Widerstand. Diese Konstellation von Verkündigung im Aufbruch und deren reflexartiger Abwehr spricht Jesus an, wenn er zur Volksmenge von der Sendung und Wirkmacht des Täufers Zeugnis ablegt (vgl. Mt 11,7–19; Lk 7,24–35):

> „Aber seit den Tagen des Johannes des Täufers bis jetzt das Reich der Himmel wird gewalttätig behandelt und Gewalttätige reißen es an sich." (Mt 11,12)

Jesus spricht ausdrücklich von „Gewalttätigen" (biastai), also von solchen, die vor keiner Gewaltanwendung zurückschrecken. Sogar das „Reich der Himmel" ist ihnen nicht heilig, sondern verzweckbar und Beute. Gemäß Jesus ist das so, zumindest „seit den Tagen des Johannes bis jetzt." Die „Gewalttätigen" gegen Johannes und Johannes gegen die „Gewalttätigen": Eine gefährlich übergriffige Dualität prägte sich aus zwischen Jerusalem und Jordan. Johannes wird ihr zum Opfer fallen. Die Worte Jesu werden sich auf tragische Weise durch die Ermordung des Johannes bestätigen.

Zuvor aber drängt es beide Seiten dieser schwerlich umzirkelbaren Dualität zu dem, was man rhetorischen „Schlagabtausch" nennt. Zwar sind uns die Wider-Sprüche und Gegenreden der Pharisäer und Sadduzäer nicht überliefert. Aber die mächtige Antihaltung, die ihn bis an den Jordan verfolgte und traf, muss Johannes betroffen gemacht haben. Sie beeinflusst seine Stimme und Sprache, lässt sie in Drohrede und Bußpredigt rigoros, ja sogar verletzend werden. Als „Brut von Giftschlangen“ (Mt 3,7; vgl. Num 32,14: „Brut von Männern“) beschimpft und disqualifiziert er seine Gegner. Gemeint sind ausdrücklich die „Pharisäer und Sadduzäer“, die miteinander nur das Eine gemeinsam haben, nämlich die kompromisslose Ablehnung des Messiasglaubens, noch dazu, wenn er zur akuten Volksbewegung wird.

Allerdings gilt seit Steinzeiten die „eiserne“ Benimmregel: Wer beschimpft – noch dazu mit Tiernamen – der setzt sich ins Unrecht. Die Verführung für Johannes trug sich offensichtlich und unüberhörbar darin zu, in seiner Sprache starr und übergriffig zu werden. Auch Mose, dem Erzpropheten, ist dies lange zuvor am Jordan passiert (vgl. Num 32,14). Der Absturz ins Skandalon hätte allerdings das weitere Wirken des Johannes zum „Anstoß“ und „Ärgernis“ herabgewürdigt. Doch dazu kam es nicht. Das wäre die „Falle“ gewesen, in die er *nicht* geriet, sodass man ihn und seine „Stimme“ nur durch Gefangennahme und Tötung zum Schweigen bringen konnte, was ein blutig-gewalttätiges Skandalon war. Der prophetische Wert seiner Verkündigung blieb dennoch erhalten. Ja, er wurde durch das Skandalon seiner Enthauptung sogar bleibend erhöht, bewahrt und ex negativo bewahrheitet.

Es spricht für die Aufmerksamkeit und Plastizität der Evangelien mit ihren leibseelischen Menschen als Teilnehmer am großen Heilsdrama, dass sie keine ideellen, künstlichen Menschen-Figuren abgeben, sondern flexible Menschen unter dem Spannungsbogen von Beharrung und Wandel, von Selbstsein und Entfremdung, von Heil und Skandalon. So gesehen ist Johannes leidenschaftlich Mensch zwischen geistiger Führung und menschlichem (Ver-)Sagen, das nicht ausbleiben kann. Johannes ist weder ein stiller Weiser noch ein die Himmelssphären ausspekulierender Gnostiker. Wie sehr er ein mit Leib, Seele und *im* Geist engagierter Mensch ist, das wird plastisch an seinem Lebenswandel, seiner (An-)Sprache und seiner Askese, die im Stil heutiger Boulevardpresse überschreibbar wäre mit „Heuschrecken und wilder Honig.“

Johannes, der engagierte Verkünder und Täufer, ist sehr wohl ein Mensch, den die Griechen einen „Enthusiasten“ hätten nennen können, um sein gefühlsstarkes und auf den Geist bezogenes Handeln unter dieser Chiffre zu akzeptieren. „En-thousiasia" meint buchstäblich „Gott in seinem Wesen" anwesend haben. Das Göttliche aber ist eine bewegende, Wandlung provozierende und performierende Kraft. Sie verleiht dem Enthusiasten „thumos": geistig-seelische Bewegung und erweckende Erregung. Johannes war kein lauer Zeitgenosse. Er konnte gar nicht anders als (ungewollt) Provokateur sein. Ansonsten hätte er mit dem Geist auch sich selbst verraten. Solchen Selbstverrat als stilles Skandalon spricht übrigens die Apokalypse an, wenn es um die letzte der „sieben Gemeinden" geht, um die Gemeinde von Laodizea:

> „Ich kenne deine Werke, dass weder kalt du bist noch heiß. Oh, dass du kalt doch wärest oder heiß! So, weil lauwarm du bist und weder heiß noch kalt, werde ich dich ausspeien aus meinem Mund." (Offb 3,15–16)

Johannes ist anders als die Gemeinde von Laodizea. Sie leidet nämlich unter dem stillen, nicht beweisbaren Skandalon der *Gleichgültigkeit.* Das ist das „laue" Gegenstück zu Geist und Liebe. Es aufzudecken, bedarf des apokalyptischen Geistes, der Geheimes offenbart. Johannes ist leidenschaftlich, nicht „lau": Ein „Mensch, von Gott gesandt" (Joh 1,6), ein Enthusiast mit „Thumos", dessen „Stimme" den Grundton halten und polyphon hinaustönen konnte. Für Stimme, Sprache, Sprechweise gibt es im Bibelgriechischen das *eine,* umfassende Wort: *phone.* Die phone des Täufers ist nicht monoton, sondern polyphon: Je nach Anlass, Auftrag und vis-a-vis wechselt seine Rhetorik und Sprechweise. Dadurch gewinnt seine Sprache an kraftvollem Bezug zu ihren Adressaten. Sie wird zur wirksamen Sprache, getragen von seiner Stimme, die unverwechselbar intoniert. Einen Hauch davon, einen flatus vocis, lassen die Evangelien herüberwehen quer durch die Zeiten. „Wer Ohren hat zu hören, der höre!" (Mt 11,15)

Erst in sekundärer, exegetischer Bearbeitung, lassen sich hörer- und zeugnisbezogene Formen der johanneischen phone ausmachen. So lässt sich die *eine* phone gliedern in die Zeugnis-, Buß- und Standesreden des Täufers. Will man sie nicht über verschiedene Quellen unterschiedlichen Autoren und Sprechern zuordnen, was stets hypothetisch bliebe, so sind sie sprechende Belege für Johannes als situationssensiblen, differenzierten Sprecher. An der Polyphonie seiner Sprechweise und deren variierenden Inhalten deutet sich einmal mehr an, aus welcher Spannung des „Dazwischen" Johannes (sprach-)schöpferisch wirkt: Zwischen den Zeugnissen des Abraham-Bundes und ihrer prophetischen Zusammenschau von Gesetz-Gericht-Heil und der Wahrnehmung des angebrochenen, messianischen Äons; zwischen dem „Gesetz durch Mose" und der ankünftigen „Gnade und Wahrheit durch Jesus Christus" (Joh 1,17).

Wenn es ein sich durchhaltendes Motto und Motiv gibt, das die Aktivitäten des Täufers durchzieht und eint, so tönt es aus dem Matthäusevangelium. Es ruft mit einfachen Worten, die entscheidende Inhalte befördern:

> „Kehrt um, denn genaht hat sich das Reich der Himmel!" (Mt 3,2)

Dass es sich konkretisiert in der leiblichen Person Jesu als dem „Lamm Gottes" wird der Täufer mehrfach bezeugen. Seine „Taufe der Umkehr zur Vergebung der Verfehlungen" (Lk 3,3) werden zwar viele annehmen. Es bleibt allerdings ein unübersehbarer Restwiderstand gegen das Leitmotiv des Täufers, nämlich Metanoia (Umkehr) mit Taufe. Dieser Widerstand reizt Johannes und beeinflusst seine Sprache der Verkündigung. Seine enthusiastische Zeugnisgabe für „Himmelreich" und „Feuertaufe", verbunden mit dem eindringlichen Appell zur Metanoia, greift bei manchen seiner Hörer nicht, prallt ab und wechselt im Täufer zur Drohrede.

Diese konzentriert sich besonders auf „viele Pharisäer und Sadduzäer", die Johannes „zur Taufe kommen sah" (Mt 3,7). Dass sie zum Taufort, nämlich nach „Betanien, jenseits des Jordans" (Joh 1,28) kamen, sagt noch nichts über deren Taufwillen aus. Anders als die „zahlreichen Leute (olchoi), die hinauskamen, um sich von ihm taufen zu lassen" (Lk 3,7), war die unausgesprochene Absicht der Pharisäer und Sadduzäer eine andere, beispielsweise seine Autorität infrage zu stellen (vgl. Joh 1,25). Johannes durchschaut die prinzipiell ablehnende Haltung dieser Hörergruppe. Zwischen ihm und ihnen gibt es keinen Dialog.

Wenn es stimmt, dass der Dialog im „Dazwischen“ sich zuträgt, um dieses „Zwischen den Fronten“ sprachlich aufzulockern, dann handelt Johannes extrem verhärtend.

Rhetorisch mag man von einer johanneischen Drohrede sprechen, welche die Gegner sogleich beschimpft („Ihr Brut von Giftschlangen“ – Mt 3,7; Lk 3,7) und bald schon inhaltlich disqualifiziert als unfruchtbare Bäume, die „umgehauen und ins Feuer geworfen“ (Mt 3,10c; Lk 3,9c) werden sollten. Aus rhetorischer Sicht ist Johannes in seinem Sprachhandeln emotional und argumentativ übergriffig. Er wirkt als Aggressor, projektiv unterstellend, ohne erkennbare Gesprächsbereitschaft. Obgleich beide Evangelisten – Matthäus und Lukas – die Drohrede des Täufers gleichlautend bringen, findet sich im Evangelium keine Antwort (-Rede) der Angegriffenen. Mag sein, dass sie stumm blieben: Dass sie Johannes zwar ohne Gegenrede ließen, dafür aber mit Abstand (gegen ihn) unversöhnt handelten. Johannes wie Jesus werden jung gewaltsam sterben. Ihre Tode werden hinterhältig und grausam sein. So, als ob sich Jesu Worte zeitnah an *beiden* erfüllen würden, dass „Gewalttätige“ das „Reich der Himmel“ an sich reißen würden (vgl. Mt 11,12; vgl. Lk 16,16).

Die Drohrede des Täufers hatte selbst etwas Gewaltiges und auch sprachlich Gewalttätiges an sich. Daran kann man „Anstoß“ nehmen und Kritik üben. Aber ist diese im Evangelium aufs Wort zweifach überlieferte Rede nicht dennoch tief blickend und wahr? Johannes, der im herannahenden Jesus in prophetischer Tiefenschau den „Sohn Gottes“ als „Lamm Gottes“ erblickt, dieser Johannes kann hineinschauen in das „Meta“, in die Dimension des „Hinter“, in die Meta-noia hinführen sollte. Auch wenn seine Rede zu den Pharisäern und Sadduzäern bedrohlich wirkt und formal anstößig (übergriffig) ist, so bleibt sie doch inhaltlich wahr: „Abraham zum Vater“ zu haben, aber „keine gute Frucht“ zu bringen, das ist sowohl nach alttestamentlich-prophetischer Auffassung als auch aus der Sicht der Evangelien zu wenig.

Nun wird sich allerdings alle Evangelien hindurch kein Pharisäer und auch kein Sadduzäer finden, der so verkürzt glauben würde, dass er es für die hinreichende Rechtfertigung hielte, sich lediglich und exklusiv auf „Abraham als Vater“ zu beziehen. Die Argumentation in der offensiven Rede des Täufers ist erkennbar rhetorisch überspitzt. Aber gerade das lässt sie öffentliche Rede sein, verschafft ihr rhetorische Wirksamkeit und bringt das wirklich „Anstößige“ ans Licht: Das verschwiegene Skandalon, das den althergebrachten, im Abraham-Bund mosaisch verankerten Glauben Versuchung und Falle werden lässt, ein solches Skandalon ist für Johannes der starre Glaubensminimalismus ohne prophetische Perspektive auf die anbrechende messianische Gegenwart. Ein anderes Denken und Glauben in Metanoia ist jedoch mit den Pharisäern und Sadduzäern nicht möglich. Die einen beharren unflexibel auf dem Gesetzesglauben und dessen machtvollen Konsequenzen, die anderen negieren von vornherein mit den Prophetenschriften jedwede Verheißung über den Messias. Die Einen wie die Anderen sind das kontradiktatorische Gegenteil zur Verkündigung und (Reinigungs-)Taufe des Johannes.

Sein „Gegen“-Teil emotional auszuhalten, ist eine hohe psychische Leistung. In solch einer extremen Negativ-Beziehung kann sich unversehens, aus der Tiefe des „Nein“ heraus, Hass erzeugen. Hass aber ist an sich schon der Gewalttätigkeit zugeneigt. Und zwar deshalb, weil Hass als Hass unversöhnbar ist. Das ist das dunkle „Geheimnis der Anomia“ (vgl.2 Thess 2,7), aber auch die praktische Weisheit der vom mosaischen Gesetz angeordneten Asylstädte (Dtn 19,11 f.). Hass wie Vergeltung machen die gewalttätige Gesetzlosigkeit (Anomia) aus: Hass ist auf Verwerfung und Tötung aus, und zwar ohne Schuldgefühle, wie wir aus der analytischen Psychotherapie lernen müssen.

Die Evangelientexte führen die hier nachskizzierte Dilemmasituation vor. Es ist die vernichtende Schmalspur des Entweder-Oder, die an sich weder Mitte noch Dialog kennt, sondern nur das wechselseitige „Erschlagen“ der nicht ausmittelbaren Gegensätze: Herodias wird dem von ihr gehassten Johannes den Kopf abschlagen lassen (Mt 14,8). Sie wird sein Haupt triumphal auf einer Schale umhertragen lassen (Mt 14,11) und fälschlicherweise überzeugt sein, dass sie gesiegt hätte, sodass das Problem beseitigt wäre. Was sich in der Drohrede des Täufers und im Schweigen der Pharisäer/Sadduzäer hinter den Sprachkulissen anzeigt, ist die tragische Unvereinbarkeit zwischen dem Beharrungswillen des *mächtigen Alten* und dem erst angebrochenen, *erregten Neuen*. Die zunehmend gewalttätige Bahnung dieser Unvereinbarkeit bestimmt die Evangelien aus der Tiefe von Skandalon und Heil.

„Was sollen wir tun?“ (Lk 3,10): Die Weisheit des Lehrers Johannes

Die Hörerschaft um Johannes ist vielfältig. Seine „Stimme“ ist entsprechend polyphon. Seine Rhetorik schwankt je nach Hörergruppe und situativem Anlass zwischen Aufruf zur Metanoia, messianischer Zeugnisgabe, Drohrede und weisheitlicher Belehrung all der Vielen, die ihn um ethische Unterweisung bitten (vgl. Lk 3,10–14). Johannes wirkt also als Prediger, Täufer *und* Lehrer. Die Zöllner, die ihn – wie die olchoi (Leute) und die Soldaten – fragen, was sie (als Akt der Umkehr) „tun sollen“, sprechen Johannes ausdrücklich an mit: „Lehrer“ (didaskalos). Dass Johannes ähnlich wie Jesus als religiöser *Lehrer* (mit Schülern/Jüngern) wirkt, wird in der Rezeptionsgeschichte seiner Person durchwegs vernachlässigt. Hingegen sind es zwei Klischees, die die Vielseitigkeit seiner Persönlichkeit überdecken: Der apokalyptische Drohredner und der Täufer-Asket sind die beiden gut miteinander steigerbaren Motive zur *einseitigen* Identifizierung seiner Person. Aber Johannes ist mehr: Er wirkt umfassend auf verschiedenen (Sprach- und Verkündigungs-)Ebenen auch als Lehrer. Seine Zeugnisgabe für Jesus wie überhaupt sein öffentliches Wirken sind theologisch und weisheitlich fundiert, in Absetzung von der pharisäischen Lehre, so wie sie jedenfalls in den Evangelien dargestellt wird. So belehrt er im überschaubaren, persönlichen Kreis seine Jünger sowie in breiter Öffentlichkeit das einfache Volk und sozial eher gemiedene Randgruppen wie Zöllner und Soldaten (vgl. Mt 3,12–14). Selbst Herodes Antipas kannte ihn persönlich. Er schätzte Johannes „und hörte ihn gern“ (Mk 6,20).

Folgt man dem Lukasevangelium, so steigert die Lehrtätigkeit des Täufers im ganzen Volk (laos), d. h. nicht nur in der einfachen Volksmenge (olchoi), die Vermutung, „ob er nicht etwa selbst der Messias sei“ (Lk 3,15), was Johannes strikt verneint. In seinen drei exemplarischen Antworten auf die dreimalige Frage „Was sollen wir tun?“ (vgl. Lk 3,10–14) erweist sich Johannes keinesfalls als extrem, sondern als ausmittelnd und verbindlich.

Keiner der ihn befragenden Gruppen mutet er Unverständliches bzw. Unmögliches zu. Seine kurzen Antworten sind auf die Fragenden abgestimmt und katechetisch: Sie ermöglichen ihnen einen konkreten, handlungsbezogenen Zugang zur Metanoia. Seine Antworten schließen niemanden aus, sondern sind sozial und chancengerecht. Sie fordern heraus als ethische Aufgabe der Verteilung bzw. Mäßigung und Begrenzung. Dabei überfordern sie niemand in der Ausführung. Darin folgen sie gewissermaßen alttestamentlicher (Spruch-)Weisheit, ohne sie zu kopieren. Hingegen akzentuiert die Weisheit des Johannes – in Abhebung von Salomons „Sprüchen" – die soziale Verpflichtung aller gegenüber allen, *ohne* sie von der Thora herzuleiten und *ohne* sie exklusiv auf das Volk des Abraham-Bundes zu beziehen. Was der *Täufer* lehrt, ist von *universeller, ethischer* und *anthropologischer Gültigkeit. Das qualifiziert seine Ethik unüberhörbar als Neuerung. Zugleich gibt es ihr allgemeine Gültigkeit.*

Was sind nun – möglichst textgetreu – die Fragen und Antworten zwischen dem Volk (olchoi) und Johannes?

> „Und fragten ihn die Leute, sagend: Was denn sollen wir tun? Antwortend aber sagte er zu ihnen: Der Habende zwei Hemden soll Anteil geben dem nicht Habenden und der Habende Speisen gleichermaßen tue. Kamen aber auch Zöllner, sich taufen zu lassen und sagten zu ihm: Meister, was sollen wir tun? Er aber sagte zu ihnen: Nichts mehr als das Befohlene treibt euch ein. Fragten ihn aber auch Soldaten, sagend: Was sollen denn wir tun? Und der sagte zu ihnen: Niemanden misshandelt und schikaniert, erpresst nicht und begnügt euch mit euerem Sold." (Lk 3,10–14)

Dass zur Weisheit die Mäßigung gehört, ist Allgemeingut aller Weisheitsschriften und Weisheitsphilosophien rund um den Erdball. Das nimmt der Weisheitslehre aber nichts an Brisanz. Zu allen Menschen, die nach Adam und Eva in die Konflikt-Welten geboren werden, gehört das entgrenzende Begehren: seine Lust und Gier, seine (Hinter-)List und sein bisweilen wahnsinniger Selbstbezug. Ohne Trieb und Begehren wäre der reale Mensch nicht. Sie gehören naturgemäß dazu. Nur in den Weisheits*utopien* vom anderen Menschen der friedvollen Harmonie fehlt das treibende Begehren. Dadurch werden diese „Weisheiten" zu untauglichen Schrumpfwahrheiten, gleichsam zu Tagträumen vom „einfach" guten Menschen, dessen Natur die Mäßigung von der Zeugung an genetisch eingegeben wäre. Dem ist aber erkennbar nicht so. Das (begierdefreie) Paradies auf Erden scheitert an der Triebnatur des Menschen. Philosophen wie Friedrich Nietzsche ziehen daraus den folgenschweren Schluss, dass die wahre Weisheit erst dort begänne, wo der Mensch mit seinem Begehren radikal in Eins gesetzt würde; wo er sich das selbstverständliche Recht nähme, sich vom „Glück der Knechte" (F. Nietzsche) zu befreien und jede Weisheit der Mäßigung zu verneinen.

Die eine wie die andere „Weisheitslehre" ist gefährlich falsch, aber verführerisch: Wird der („Über"-)Mensch, wie Nietzsche es in seinem Werk „Also sprach Zarathustra" (1886) praktiziert, mit seinem Begehren vorbehaltlos gleichgeschaltet, verliert er seine Menschlichkeit. Er verfällt ausweglos der kranken Anarchie des „Maßlosen". Tut man hingegen so, als wären Trieb, Begehren, Selbstsucht und Entgrenzung nur korrigierbare Randthemen der sozialen Existenz, dann verliert man „selbst"-vergessen die drängende Wirklichkeit der menschlichen Natur aus dem Sinn. Dass jeder Mensch als Geistseele *und* leiblich-psychisches Begehren zu einer niemals bruchlosen, aber entwicklungsfähigen Einheit gefügt ist, davon erzählen die biblischen Texte. Dabei wirken sie erweckend und mäßigend zugleich. Sie täuschen nicht in ihrer Wahrheit vom Menschen, in ihrer Botschaft des „Ecce homo".

Johannes hat wohl Natur und Wesen des Menschen erfasst. Er versteht den natürlichen Menschen als den, für dessen Existenz es notwendig ist, sein an sich maßloses Begehren zu mäßigen. Das „Gesetz durch Mose gegeben" (Joh 1,17) soll dadurch Gerechtigkeit erwirken, dass es dem Begehren Grenzen setzt. So erst ermöglicht es humane Beziehung, und zwar des Einzelnen zu sich selbst, zum Mitmenschen und zu allererst zu Gott, der Herr über Schöpfung und Begehren ist. Weder verleugnet Johannes in seinem Antwortverhalten das Begehren, noch verabsolutiert er das „Gesetz" oder die Liebe. Maßvoll verkündet Johannes Maß und Grenze. Er lehrt *Ausgleich, Entsagung* und *Begrenzung*. Er lehrt das Weniger des „Mehr". Und das „Volk" versteht seine

Lehre und akzeptiert sie „in ihren Herzen“ (Lk 3,15), ansonsten würden sie in ihm nicht den Messias vermuten.

Allen *drei* Antworten des Johannes liegt die *eine*, entscheidende Frage zugrunde: „Was sollen wir tun?“ – Diese Frage zielt aufs Konkrete des alltäglichen Lebens und der verlangten Metanoia. Sie ist persönlich und unpersönlich zugleich. Ihr Subjekt ist nämlich kein vereinzeltes Ich des einzelnen Fragers, sondern das „Wir“. Die „olchoi“, also die Vielen des einfachen Volkes, die Zöllner und die Soldaten, fragen jeweils im Wir-Stil als Gruppensubjekte. Die Antworten des Täufers sind entsprechend gruppenbezogen und kategoriell. Es kann gar nicht anders sein, als dass ihnen ein allgemeiner Aussagewert zukommt, der zugleich gruppenspezifisch und bestimmt ist. Darin liegt die Meisterschaft des Lehrers Johannes, dass er so allgemein wie nötig und so speziell wie möglich antwortet. Dadurch schließt er niemanden aus und alle in der Gruppe ein. Jeder kann sich persönlich angesprochen und betroffen fühlen. Die Antworten, die Johannes erteilt, sind ohne Wenn und Aber, ohne rhetorisches Beiwerk und direkt. Dadurch entsprechen sie in Niveau und Intention der Frage „Was sollen wir tun?“.

Eine „ehrliche“ Frage verlangt eine „ehrliche“ Antwort. Beide sind erfahrungsgemäß recht selten, so selten wie „Weiße Raben“. Solche authentischen Fragen sind keine „Kopfgeburten“, die sich beweisen wollen und Anerkennung heischen. Sie kommen – biblisch gesprochen – aus dem „Herzen“ des Fragers. Wem seine Frage ein Herzensanliegen (geworden) ist, der sucht ausdrücklich nach Antwort. Dem, der antworten soll auf eine echte Frage, eine „Herzensfrage“ also, kommt damit eine besondere ethische Verpflichtung zu, ehrlich und identisch mit seinen Antworten umzugehen. Beide, die ehrliche Frage und ehrliche Antwort, brauchen eine gewisse Selbstüberwindung. Nur mit Opferbereitschaft kommen sie ins Wort, das spricht und sagt, riskiert und gibt. Hingabe ohne Gabe wäre leer und sinnlos. Die Gabe der Hingabe ist, falls sie gelingt und angenommen wird, unsagbar mehr als ein „Ding“. Sie wirkt, ohne dass man sie „dingfest“ machen könnte. Zu ihrer Wirkung gehört, dass sie verinnerlicht und erinnert wird, dass sie bleibend etwas (nie Vorhersehbares) bewirkt. Auch die Antwort bedarf der Hingabe, um zu wirken.

Anders als die in Religion, Recht und Rhetorik gebildeten Pharisäer gehören die olchoi, Zöllner und Söldner eher problematischen Randgruppen an. Es ist wohl eher existenzieller Mangel und soziale Ablehnung, die sie umtreiben. Wen die Not treibt, dem wird sie auch Chance, zur Sache und auf den Punkt zu kommen. Große Durchsetzungskraft zur Tat kann sich aus dem Mangel herleiten. So entspringen Revolutionen stets aus dem Leiden am Mangel, nie aus der Fülle. Das gilt für die öffentlichen Umwälzungen wie für die persönliche Metanoia des Herzens. Wer leidet, der sucht, fragt und hört anders auf die Antworten, die ihm gereicht oder verweigert werden.

„Was sollen wir tun?" Das ist zunächst und buchstäblich die *eine* gemeinsame Frage der drei Hörergruppen an den Täufer. Seit er sie zu hören bekam, ist diese Frage aus dem Evangelium nicht mehr wegzudenken. Nicht nur Antworten, auch Fragen kommt ihr Geltungsanspruch zu. Die Frage nach dem rechten Tun ist zwar situativ hervorgerufen und vielleicht vom Schweigen der Pharisäer begleitet. Zugleich aber ist sie eine der je neu aufbrechenden Grundfragen für alle, „die von Frauen geboren sind" (Mt 11,11).

Nicht nur eine bleibende philosophische Frage bricht hier durch, im Sinne von: Wie sollen wir leben? Was dürfen wir hoffen? Darüber lässt sich auch ohne den Philosophen Immanuel Kant seit der vorschriftlichen, aber nicht vorsprachlichen Steinzeit nachdenken, weil sie je schon jeden Menschen und sein Leben betrifft. Die Frage nach dem Tun, so wie sie hier, nach der Drohrede an die Pharisäer, plötzlich laut wird, ist zutiefst menschlich und bedürftig. Sie formuliert sich aus dem „Profundis" von Mangel, Ungewissheit und Hoffnung. In Dantes „Göttlicher Komödie" (1307), genauer lokalisiert, in Dantes „Hölle" mit ihren 36 Kreisen der Verzweiflung und Abtötung, kann sich diese menschliche Orientierungsfrage *nicht* mehr erheben. Warum? – Weil es für sie dort keinerlei Chance auf Antwort mehr gibt, geschweige denn auf die Ausführung eines anderen Tuns als der bloßen Wiederholung in „ewiger Wiederkehr des Gleichen" (Friedrich Nietzsche).

„Was sollen wir tun?" Die dreimal wiederkehrende Frage aus der zusammengewürfelten Hörergruppe am Jordan, „im 15. Jahr der Regierung des Kaisers Tiberius" (Lk 3,1), ist quer durch die „Geschlechter“ und Zeiten eine *universelle* Menschheitsfrage. Sie bleibt und hofft je neu auf Antworten, die sie aufgreifen. Johannes jedenfalls gibt seine differenzierten, präzisen Antworten. Die wiederholen sich inhaltlich *nicht*, erschließen aber gerade in ihrer Abfolge eine er-„lösende“, gültige Verhaltensgrenze. Wer sie wahrnimmt und tat-sächlich beherzigt, kehrt um, aus dem Zuviel hin zu Grenze und Maß:

> „Der Habende zwei Hemden soll Anteil geben dem nicht Habenden und der Habende Speisen gleichermaßen tue.“ (Lk 3,11)

Dieser Grundsatz mit Basisbedürfnissen umzugehen, nämlich gerecht zu teilen, gilt für alle und ist folglich auch die erste und erstrangige Antwort des Täufers.

> „Nicht mehr als das Befohlene euch treibt ein!“ (Lk 3,13)

Diese maßvolle Grenze im Handeln gilt nicht nur für Zöllner. Sie unterscheidet zwischen der pflichtbewussten Tat und der gierigen Willkür-Handlung.

> „Niemanden misshandelt, schikaniert und erpresst nicht, begnügt euch mit eurem Sold!“ (Lk 3,14)

Dieser ausführliche Appell richtet sich an die (nichtjüdischen) Söldner in römischen Diensten. Eine *dreifache* Grenze sollen sie respektieren: gegenüber dem Leib („misshandeln“), der Psyche („schikanieren“) und dem Gemeinwesen („Sold“).

Weder von den „vielen Pharisäern und Sadduzäern“ (Mt 3,7), noch von den olchoi, den Zöllnern und Soldaten, werden die Reaktionen der Angesprochenen wiedergegeben. Das soll nicht zwangsläufig als Verkürzung verstanden werden. Die leitende Intention der Texte, insbesondere bei Matthäus und Lukas (vgl. Mt 3,1–10; Lk 3,1–18) ist eine andere. Sie haben keine Protokollführung im Sinn, sondern die Einführung der Hörer/innen bzw. Leser/imnnen in den dramatischen Kairos am Jordan. Dessen universelle Heilschance wollen sie vermitteln mit dem Medium der darstellenden Dramaturgie und bezeugenden Sprache. Jedes der Evangelien leistet dies auf seine Weise. Alle zusammen bewirken einen sich aufbauenden, weitläufigen Rundblick um das

Täuferdrama am Jordan mit Johannes als prophetischem Verkünder, Täufer und Lehrer. Auf ihn konzentriert sich die Synopse vor Ort mit ihrer schnellen Bewegungsdynamik, ihren (Sprach-)Begegnungen und Gruppengeschehnissen.

Dabei gibt es direkt gekennzeichnete und benannte Zuhörer. Daneben, perspektivisch gesehen „dahinter", lässt der gleitende Text aber auch weitere, namenlose Anwesende entdecken (vgl. Lk 3,18). Zu ihnen führt er zügig hin: Sie repräsentieren das (jüdische) „Volk" (laos; Lk 3,15), das im „Herzen" (vgl. Lk 3,15) nicht zuletzt deshalb zur Messiashoffnung findet, weil es vom Taufhandeln des Johannes, seiner (Zeugnis-)Sprache und seinen Antworten an „die (einfachen) Leute" (Lk 3,10) tief bewegt wird. Die umfassende Metanoia des *ganzen* Volkes zum Messias rückt hier bereits in den Geschehens- und Heilshorizont.

Weil aber Heil und Skandalon nicht voneinander trennbar sind, taucht am Rande der lukanischen Schau des Jordangeschehens in einer abrupten Wendung unheilvoll ein Name auf: „Aber *Herodes, der Tetrarch …*" (Lk 3,19)

Herodes der Große: „Edler“ von Roms Gnaden und Mörder

Der Name „Herodes“ (37–34 v. Chr.) durchzieht die Evangelien bis hinein in die Apostelgeschichte (Apg 4,27). Allen biblischen Namen ist Symbolkraft zu eigen. Sie sind alles andere als zufällig. Vielmehr verweisen sie häufig auf die genealogische Herkunft eines Menschen, darüber hinaus auf sein Wesen, seinen angeborenen Platz und seine Sinnaufgabe, die er im biblischen Drama einnimmt. Während sich die Personen- und Ortsnamen im Alten Testament zumeist aus dem Hebräischen herleiten, befinden wir uns zur Zeit des Täufers längst schon in der Wende in das Griechisch-Römische mit seinen ebenfalls bedeutungstarken Eigen- und Ortsnamen, die bald latinisiert, bald gräzisiert auftauchen. So spiegelt die durchmischte Bibelsprache die kulturellen, geo- und religionspolitischen Verhältnisse wider. Das Neue Testament, zur Gänze in (Umgangs-)Griechisch abgefasst, ist seinerseits offen für hebräische sowie lateinische Bezeichnungen und Namen, wie beispielsweise Pascha, Petrus, Pontius Pilatus, Jesus. Nicht wenige der neutestamentlichen Namen sind – wie „Jesus“ von „Jehoschuah“ – latinisiert bzw. gräzisiert (z. B. „Jo-hannes“). Sie bleiben aber transparent auf ihren sinnstarken hebräischen Ursprung.

Anders verhält es sich mit: *Herodes*. Obwohl er und seine drei Söhne (Antipas, Archelaus, Philippus) als Klientelkönige das damalige politische Israel repräsentieren, bergen ihre Namen *keine* hebräischen Wurzeln. Dasselbe gilt für die ganze Herodes-Dynastie, also auch für deren Ausläufer in Herodes Agrippa I und Agrippa II. Das ist auffällig und aussagestark, so als ob der Herrschername „Herodes“ auch sprachlich-etymologisch einen Schnitt und Distanz zum Jüdischen, Hebräischen und überhaupt zur alttestamentlichen Tradition erkennen ließe. Der Herodes-Klan kann keine nennenswerte Abstammung von der Dynastie der Hasmonäer vorweisen. Zudem ist er abhängig von römischer Gunst und um seinen Machterhalt besorgt.

„Herodes“ leitet sich vom griechischen „Heros“ ab, was „edel“ und im weiteren, mythologischen Sinn „Halbgott“ meint.

Halbgötter mit und ohne irdisch-geschichtlichen Stammbaum gibt es in der griechisch-römischen Mythologie unübersehbar viele. Den römischen Imperatoren wurde seit Augustus' Herrschaft der Titel des „Divus" bzw. „Divinus" vom Senat regelmäßig angetragen, also der Ehrentitel des „Göttlichen". Wie bescheiden, angepasst und klug, dass Herodes nicht mit dem Kaisertitel „Divinus" konkurriert, aber immerhin seinen Anteil am Olymp der (Halb-)Götter beansprucht! Dieser Anspruch, vergleichbar einem vererbbaren Adelstitel, bezieht sich auch auf seine Söhne sowie auf die erhoffte Entwicklung von Dynastie und Hausmacht. Die aber stand auf zwei tönernen Füßen. Herodes, der sich von seinen Chronisten „der Große" (37–34 v. Chr.) nennen ließ, wusste das. Und seine Söhne erlebten es. Der eine tönerne Fuß war die Vasallenschaft, d. h. die Abhängigkeit von Roms Gunst. Der andere, recht verletzbare Fuß, war die (schwache) Akzeptanz des „Halbgottes" und seiner Dynastie im Volk als „laos" wie auch unter den „olchoi", also der ungebildeten Volksmenge, die für das Täufertum des Johannes besonders empfänglich war.

Dass der „große" Herodes in Jerusalem quasi als Stiftung seiner Rechtgläubigkeit und Wahrzeichen seiner Macht den zweiten Tempel (nach 46-jähriger Bauzeit; vgl. Joh 2,20) ausbauen und ausstatten ließ, kann nicht darüber hinwegtäuschen, dass diesem Kultgebäude die *Bundeslade* fehlte. Die war bei der (ersten) Zerstörung des alten Tempels (587 v. Chr.) und der Wegführung des jüdischen Volkes ins Babylonische Exil irgendwo verloren gegangen. Und sie blieb verloren bis auf den heutigen Tag. Die Lade birgt die Gesetzesrollen mit den „Zehn Setzungen" (bekannt als „Zehn Gebote"), die Mose vom Gottesberg Horeb zu Aaron und zum Volk hinunterbrachte. Mit eigener Hand – nach dem Diktat Gottes – hatte Mose sie beschriftet als Ausdruck, Zeichen und Verbindung des Bundesvolkes zu Jahwe, seinem einen und einzigen „Herrn", so wie es in Ps 33,12 heißt: „Wohl dem Volk, dessen Gott der *Herr* ist; dem Volk, das er zum Erbe erwählte."

Letztlich ist Jahwe allein der „Herr" und Herrscher über sein Volk und kein „Halbgott", der ihm einen Tempel nach altem Muster fertig restaurierte, aber *ohne* spirituelles Zentrum belassen muss. Die „Lade des Bundes", mit den zwei Cherubim auf ihr und den zwei Schriftrollen in ihr, symbolisierte nämlich hinter dem Vorhang im Allerheiligsten des Heiligen den „Nabel" der fortwährenden Gottesverbindung des auserwählten Volkes zu Jahwe, seinem einzigen Gott und Herrn. Der Prachttempel des Herodes, samt seinen Vorhöfen, seinen täglichen Opferungen und seiner privilegierten Priesterschaft, täuscht hinweg über dieses signifikante „Loch" im Heiligtum. Aber nicht alle ließen sich täuschen. Wenn Jesus vom „Niederreißen des Tempels" (Joh 2,13 f.) öffentlich spricht, dann hallt darin die Wahrheit nach über den „tönernen" Tempel, der – genauer besehen – nicht einmal sakrales Machtzentrum sein konnte, obwohl er bis zu seiner Zerstörung (70 n. Chr.) durch den römischen Kaiser Vespasian (bzw. dessen Sohn Titus) als solcher propagiert und für die Opferdienste genutzt wurde.

Herodes war Sohn des Idumäers Antipater und einer arabischen Prinzessin. Streng genommen war er also von Geburt *nicht* jüdisch, dennoch aber „König von Judäa" (Lk 1,5) und Samarien. Weil er weder eine jüdische Mutter noch eine gewachsene Dynastie, geschweige denn eine sakrale Legitimation vorweisen konnte, regierte Herodes mit dem Argwohn auf Konkurrenten, der Potentaten innewohnt.

Das Matthäusevangelium erzählt exemplarisch davon. Es berichtet (Mt 2,1–11) von „magoi", also von „Mächtigen", die eigentlich aufgrund eines Missverständnisses sich auf den weiten Weg machten, der sie irrtümlich zuerst nach Jerusalem und dann doch nach Bethlehem zu Jesus, dem Neugeborenen führte. Sie sahen nämlich einen „neuen Stern" aufgehen im Osten und meinten, dass dies ein Himmelszeichen wäre, das auf den „neugeborenen König der Juden" (Mt 2,2) hinweisen würde. Deshalb zogen sie auch zunächst zu König Herodes, der sie in seinem Palast in Jerusalem überrascht empfing. Er berief die „Hohenpriester und Schriftgelehrten" (Mt 2,4) ein, die schließlich Bethlehem als möglichen Geburtsort des *Messias* herausfanden, den frühere Propheten bereits vorhersagten. Von dem Zeitpunkt an will Herodes der Große den kleinen Jesus ausfindig machen, um das Kind „umzubringen" (Mt 2,13). Er fürchtete nämlich um seine Macht/Dynastie und ließ deshalb alle Kleinkinder Bethlehems ermorden (Mt 2,16). „Rahel beweinte ihre Kinder und nicht wollte sie sich trösten lassen, [...].“ (Mt 2,18)

So kommentiert Matthäus diesen Kindermord mit den Worten aus Gen 35,19. Aber es ist, als ob Gott selbst Rahels trostloses Weinen erhört hätte. Bald schon stirbt Herodes (vgl. Mt 2,19), sodass Josef mit dem Kind Jesus und seiner Mutter aus dem Exil in Ägypten heimkehren können „in das Land Israel. Denn gestorben sind, die nach dem Leben des Kindes trachteten“ (Mt 2,20b). Der Text spricht im Plural und sagt es ausdrücklich: Nicht nur Herodes, sondern auch andere trachteten dem Kind nach dem Leben. In seinem Bestreben um Machterhalt war Herodes nicht allein. Eine jüdische Gefolgschaft unterstützte ihn. Mit deren zweckdienlichem Wohlwollen konnten auch seine (politisch weit schwächeren) Söhne prinzipiell rechnen. So auch Herodes Antipas, der gegen römisches wie gegen jüdisch-mosaisches Recht Johannes einkerkern und ermorden lässt.

Herodes Antipas: Mörderischer Sohn des „großen" Herodes

Dass Herodes Antipas nicht nur in politischer Nachfolge, sondern auch ansonsten ein schwacher Sohn seines „großen" Vaters war, wird sich im Verlauf der nächsten Seiten erweisen. Gemeinsam ist Sohn *und* Vater, dass sie Mörder sind. Als solche gingen sie zweifelsfrei ein in die neutestamentliche Dramaturgie von Heil und Skandalon. In diesem jenseitig-diesseitigen Drama kreuzen sich untereinander: Jesus mit Herodes dem „Großen" (Mt 2), Johannes mit Jesus am Jordan und – kurz vor seiner Kreuzigung – Jesus mit Herodes Antipas (Lk 23,7–11).

Längst vor seiner Gefangennahme und erzwungenen Begegnung mit Herodes Antipas wurde Jesus seitens „einiger Pharisäer" (Lk 13,31) bereits zugetragen, dass dieser ihn töten wolle: „Geh fort und ziehe weg von hier, denn Herodes will dich töten" (Lk 13,31). Zu der Zeit dürfte Johannes wohl schon auf Anweisung des Antipas enthauptet worden sein (vgl. Lk 7,18–23). Ein kurzer Rückblick mag hier angebracht sein: Bereits Jesu Eltern flohen mit dem Säugling Jesus vor dem Mordanschlag des „großen" Herodes nach Ägypten, dem ehemaligen „Sklavenhaus Israels". Jetzt soll der erwachsene Galiläer vor dessen Sohn Antipas wiederum fliehen. In seiner Antwort auf die Warnung der Pharisäer geht es Jesus nicht um Flucht, sondern um den durchtragenden Sinn seiner Wegfindung, die einmal in Jerusalem ihr Ende nehmen soll:

> „Doch es ist nötig, dass ich heute und morgen und am folgenden Tag unterwegs bin, weil es nicht möglich ist, dass ein Prophet umkommt außerhalb Jerusalems." (Lk 13,33)

Wer aber ist Herodes Antipas, der Jesus *und* Johannes wo immer er nur kann in seinen Herrschaftsgebieten in Galiläa und Peräa mit der Tötung bedroht?

Antipas' Mutter war die Samariterin Maltake. Sein Vater, Herodes der „Große", war, wie gesagt, der Sohn des Idumäers Antipater. Als Tetrarch von Galiläa und Peräa wird Antipas

„König" genannt. Da Johannes am östlichen Jordanufer, also im Gebiet von Peräa, taufte und in der dortigen Wüste als Asket lebte, fiel er in den kleingliedrigen Machtbereich des Antipas. Der verstieß seine Frau, die Tochter des Nabatäerkönigs Aretas IV., um Herodias, die Frau seines Halbbruders Philippus zu heiraten. Aufgrund des jüdischen Eherechts und begründet im mosaischen Gesetz (hinsichtlich familiären Inzests) kritisiert Johannes der Täufer die Ehe öffentlich als ungültig. Von dieser sachlich zutreffenden Kritik mussten sich wohl Herodias und Herodes besonders betroffen, verletzt und provoziert erlebt haben.

Jedenfalls lässt Herodes Antipas den Täufer wegen dessen Kritik gefangen nehmen, scheut aber vor einer Tötung zurück:

> „Und er [i. e. Herodes] wollte ihn töten, fürchtete aber die Volksmenge (olchon), weil sie ihn für einen Propheten hielten." (Mt 14,5)

Dass es schließlich in einer spontanen, wenngleich widerwilligen (vgl. Mk 6,26a) Entscheidung des Herodes zur sofortigen Enthauptung des Eingekerkerten kam, hing ursächlich mit dem legendär gewordenen Tanz der Tochter der Herodias zusammen (vgl. Mt 14,6–12; Mk 6,21–29). Sie bleibt in den Evangelien namenloses Instrument ihrer Mutter und wird lediglich die „Tochter" (Mt 14,6) oder das „Mädchen" (Lk 6,22) genannt. Dass sie anonym bleibt, passt zur ergreifenden Dramaturgie, mit der Lukas und Markus übereinstimmend die Ermordung des Täufers erklären: Sie setzen sie transparent auf die Verführung des Herodes und den Komplott zwischen Tochter und Mutter.

Die Hintergrunderzählung zur abrupten Tötung des Täufers ist sowohl spirituell als auch psychologisch aussagekräftig. Sie legt die Macht des Eros und die Schwäche des Mächtigen offen, der vom erotischen Tanz seiner Stieftochter so fasziniert und erotisiert ist, dass er ihr „unter Eid" (Mt 14,6) „mehrfach schwört" (Mk 6,23), ihr alles zu geben, was auch immer sie von ihm verlange, „bis zur Hälfte" seines „Königreiches" (Mt 6,23).

Es war die Geburtstagsfeier des Herodes: Er liegt zu Tisch, umgeben von Gästen, die mit ihm lagern (vgl. Mt 14,9). So ist es orientalische Sitte. Liegend konnte er von unten zur jungen Tänzerin hinaufblicken. Die tanzte vor ihm „in der Mitte und erregte (eresen) den Herodes“ (Mt 14,6). Folgt man dem Text wörtlich, so wurde Herodes durch den Tanz des Mädchens erotisiert und sexuell erregt. „Kopflos“ geworden verfällt er dem fatalen Eros der Tochter, wobei sich die Mutter besonnen im Hintergrund hält. Erregt schwört er dem Mädchen: „Verlange von mir ab, was du willst, und ich werde es dir geben.“ (Mk 6,22)

Zum Geheimnis der Frauen gehören wohl auch die allzu großzügigen Versprechen der sexuell erregten Männer. Einer von ihnen war Herodes Antipas. Ob die Männer ihre Schwüre schließlich auch halten, gehört eher zur Tragik der Geschlechterbeziehung. Herodes jedenfalls hatte viele Zeugen direkt um sich. Die sahen und hörten. Und was wäre ein „König“ wert, dessen Schwur wertlos ist, weil er ihn – kaum ausgesprochen – schon wieder vergessen hat? Die gegebene Öffentlichkeit und ihre Zeugenschaft bindet Herodes an sein maßloses Versprechen. War gerade noch die Tänzerin abhängig von seiner Gunst, kehrt sich die Lage jetzt um: Einmal gesagt unter Zeugen ist Herodes jetzt der Tänzerin und *ihrem* Begehren ausgeliefert. Er hat sich selbst entmachtet, während das Mädchen mit ihrer frisch gegebenen Macht nichts anzufangen weiß. Deshalb läuft sie zur Mutter – deren Begehren mächtig ist – und fragt sie: „Was soll ich verlangen?“ (Mk 6,24). Die Antwort erfolgt prompt: „Den Kopf Johannes' des Täufers“ (Mk 6,24). Das Tötungsbegehren der Mutter wird zum Begehren der instrumentalisierten Tochter, das Herodes Antipas unverzüglich auszuführen hat, um sein Gesicht nicht zu verlieren.

Unruhige Schuldgefühle eines Mörders wider Willen sind es, die Herodes fantasieren lassen: „Johannes, den ich enthauptet habe, ist auferweckt worden.“ (Mk 6,16b) Wenn der Gemordete wiederkehren sollte, wer oder was wird ihn, den Sohn des „großen“ Herodes, vor dessen „Wunderkräften“ (Mk 6,15) bewahren? Herodes Antipas ist ein leicht erregbarer, von Macht und Prestige abhängiger Mann mit (Verantwortungs-)„Gefühl“, aber tatsächlich ohne Verantwortung. Das Zeugnis des Johannes gegen die Rechtmäßigkeit seiner Ehe mit Herodias wendet sich schließlich gegen Herodes selbst. Der ist nunmehr Täter und Opfer zugleich. Wessen Opfer? Opfer seiner eigenen Schwäche, die ihn weder zur

Frau seines Halbbruders Philippus noch zum erotischen Tanz und Körper seiner Stieftochter den nötigen Abstand finden ließ. Hingegen geriet er außer sich in Erregung und verlor dabei wohl bedeutend mehr als „die Hälfte“ seines „Königreiches“ (Mk 6,23). Im übertragenen Sinn erwies er sich als „kopflos“, als er Johannes „enthaupten“ ließ.

Das Skandalon (= Falle, Verführung, Anstoß, Ärgernis) der Ermordung des Täufers enthüllt sich als ein Zweifaches: Zunächst ist es Herodes Antipas, der der sinnlichen Versuchung verfällt. Dadurch gerät er in die Falle von Herodias’ Begehren. Um Anstoß und Ärgernis von sich abzuwenden, lässt Antipas Johannes, der bereits in der Falle, d. h. im Gefängnis, gehalten wird, durch den Scharfrichter köpfen. Doch die Tötung ist keine Lösung. Dem doppelt verstärkten Skandalon entrinnen weder der Täter Herodes, der von Angstfantasien gequält am Leben bleibt, noch Johannes, der enthauptet wird. Dessen „Jünger kamen und legten seinen Leichnam in ein Grab“ (Mt 6,29; vgl. Mt 14,12). Wie Matthäus ausdrücklich hervorhebt, gingen die Jünger des Johannes hin und „berichteten es Jesus“ (Mt 14,12c).

Dadurch kann Jesus auf Abstand gehen und dem Skandalon (für dieses Mal) entweichen:

> „Aber dies gehört habend, zog sich Jesus zurück von dort in einem Boot an einen einsamen Ort für sich.“ (Mt 14,13a)

Die „Haupt“-Sache, die Johannes lehrte und bezeugte, nämlich Metanoia, (Reinigungs-)Taufe und Jesus als Christus-Messias, bleibt der Vernichtung durch menschliche Willkürmacht entzogen. Dasselbe gilt wesentlich für Johannes selbst, einen „Menschen, von Gott gesandt“ (Joh 1,6), der – ohne selbst das „Licht“ zu sein – „von dem Licht zeugte“ (Joh 1,7): Er wurde *nicht* wie einst Elija am Jordan auf einem „Wagen mit feurigen Rossen“ (2 Kön 2,11) hinaufgerettet. Anders als Elija, der in Begleitung von Elischa war, starb er allein unter Gewaltanwendung und Missachtung der Unversehrtheit seines Leibes. Von den Toten wurde er *nicht* auferweckt, aber immerhin von seinen Schülern begraben wie ein Mensch. Von einer Totenklage ist nirgends die Rede.

So bestätigt sich noch in seinem Tod, dass Johannes die Wahrheit sagte, als er bekannte, er sei *nicht* Elija (vgl. Joh 1,21). Seine Stimme ist nunmehr auf immer zum Schweigen gebracht. Aber die Wahrheit, die sie verkündet(e), ist wie die Hydra polyphon. Ihr „Rufen" bricht neu vielstimmig auf, aus neuen Mündern (vgl. Apg 4; Offb 20,4), inspiriert vom Geist Gottes. Der ist jenseitig und im Diesseits der „Welt" nicht vernichtbar. Aber die, die – wie Johannes – Zeugnis geben, sind verletzbar dem Skandalon der Verfolgung, Verkennung, Verleumdung und Tötung ausgesetzt, so wie das „Licht", das „scheint in der Finsternis und die Finsternis hat es nicht ergriffen." (Joh 1,5)

5 Johannes, das tragische „Lamm Gottes“

„Was wohl wird das Kind sein?“ (Lk 1,66): Zur einsamen Tragik des Johannes

Die *zentrale* Frage, *wer* Johannes sei, stellte sich gleich zu Beginn unserer Spurensuche, die nunmehr an ihr Ende gerät, ohne je abgeschlossen zu sein. In der biblischen Wirklichkeit existiert Johannes fortwährend weiter aus ihren Erzählungen, Querverbindungen und buchstäblichen Mitteilungen. Der gemordete und enthauptete Johannes ist zu einem nicht ersetzbaren, symbolstarken Protagonisten geworden um Heil und Skandalon im neutestamentlichen Christus-Drama. Dessen charismatische Hauptperson Jesus wäre ohne Johannes denkbar, aber *nicht* Johannes ohne Jesus als den ankommenden Christus. Das Wirken und Verkünden, der Zweifel und selbst die Tötung des Täufers, sind auf ihn, den Christus, ausgerichtet:

> „Er muss wachsen, ich aber abnehmen.“ (Joh 3,30)

Dieses Johannes-Logion kann als Überschrift für sein Leben als Täufer, Verkünder und Lehrer gelten. Johannes, der Sohn des Tempelpriesters Zacharias und seiner Ehefrau Elisabeth, die selbst aus dem (Priester-)Geschlecht Aarons abstammt, wird bereits bei seiner Geburt hymnisch gepriesen als ein Kind, über dem „die Hand des Herrn“ (Lk 1,67) sei. Umso drängender wurde für die (familiären) Zeugen seiner Geburt und für viele „im ganzen Gebirge Judäa“ (Lk 1,57) die Zukunftsfrage: „Was wohl wird dieses Kind sein?“ (Lk 1,66b). Vielleicht erinnert sich der Leser bzw. die Leserin an den namenlos gebliebenen Feldwebel in Gerald Kershs Kurzgeschichte „Schicksal und Gewehrkugel“? Einer seiner Tischgenossen fragt bei Ausbruch des Weltkrieges naiv

„Wo wird das alles enden?" Diese realerweise unbeantwortbare Frage, die vorschnelle Antworten provoziert, erregt den alten Soldaten, weil er sofort die Verführung und Falle fantasierter Antworten erkennt. Statt einer Antwort erzählt er seine Geschichte vom „Schicksal und der Gewehrkugel": Erst an deren Ende enthüllt sich, über die einzelnen Etappen des (Erzähl-)Weges hinaus, der größere Sinn, der die *ganze* Geschichte durchzieht. Das ist niemals der fassbare, „komplette" Sinn, sondern der seinerseits relative, weil das Leben immer weitergeht, unfassbar weit über den Einzelnen hinaus.

„*Was* wohl wird dieses Kind *sein*?" (Lk 1,66). So genau lautet die griechische Frage, die nach dem zukünftigen „Sein", nicht nach der Entwicklung und dem Werden des Kindes fragt. Der Sprung in der Frage findet sich sinngemäß darin wieder, dass die neutestamentlichen Texte inhaltlich nichts zur Entwicklung, Kindheit und Jugend des Johannes sagen, außer:

> „Aber das Kind wuchs und wurde stark dem Geist und er war in den einsamen Gegenden bis zum Tag seines öffentlichen Auftretens vor Israel." (Lk 1,80)

Die biblischen Erzählungen setzen erst wieder *danach* ein, nach seiner Kindheit und Jugend, um zu sagen, wer Johannes nunmehr sei. So beantworten sie narrativ vom (späteren) Jordan-Geschehen her die vorauseilende Frage, was dieses Kind sein wird. Was also *ist* (nicht wurde!) Johannes, der Sohn des Zacharias? – Die dazu schnell einschießenden Antworten, wie Täufer, Prediger, Lehrer, Wegbereiter Christi u. a. gelten hier nicht. Sie sind abstrahierende Rollenzuweisungen, die sich der Reflexion und theologischen Abstraktion verdanken. Als Begriffsbildungen sind sie an sich legitim und kommunikabel. Johannes jedenfalls hat sie bewusst und gekonnt vermieden (vgl. Joh 1,19–23): Nirgends betitelt er sich durch Rollenzuweisungen (wie Elija, Prophet), die ihn hätten (be)greifbar machen sollen. Er selbst nennt sich nirgends „Täufer" oder „Lehrer" usw. Auch sein Verhältnis zu Jesus wird weder von ihm selbst noch im Vollzug der neutestamentlichen Erzählungen begrifflich definiert. Die biblische Darstellung des Johannes in Sprache, Handlung und Kommunikation unterläuft dessen Verbegrifflichung, die sich doch nur an Rollenzuweisungen orientiert hätte. Er selbst nennt sich – auf Drängen der „Priester und Leviten" (Joh 1,19) – nicht einmal „Rufer" (in der Wüste), sondern vorsichtig sensibel „Stimme". Dass er die „*Stimme* eines *Rufenden* in der Wüste" (Joh 1,23) *ist*, das allein ist Johannes von sich selbst definitiv aussagbar. So bleibt er also jenseits einer abstrahierenden, begrifflichen Attribuierung und (Rollen-)Definition. Wann immer Jesus von Johannes spricht, respektiert er dies, auch wenn er ihn für seine vielen Zuhörer anschaulich in die Nähe zum Propheten Elija rückt (vgl. Mt 11,7–15; Lk 7,23–35).

Nochmals zurück zur Schlüsselfrage bei der Geburt des Johannes. Gefragt wird nicht, „wer" dieses Kind sein wird, sondern „*was*" (griech.: ti). Das ist sprachlich und semantisch auffällig. Zudem korrespondiert diese „Was"-Frage, die es vermeidet, die persönliche Identität nachzufragen, mit der sprichwörtlichen Vorsicht des Johannes, sich selbst als „Wer" zu bestätigen. Er bleibt bei dem „Was": Die „Stimme" ist ein „Was", das allerdings zur individuellen Identität und Einmaligkeit des „Rufenden in der Wüste" gehört und hinführt. In Bezug auf Johannes unterscheidet die biblische Sprache genau zwischen „Wüste" im Singular bzw. im Plural, was dann mit „einsame Gegenden" übersetzbar und anschaulich wird. Allerdings könnte man philologisch korrekt „in der Wüste (eremo)" auch anders übersetzen, nämlich: im Einsamen. „Eremos" besagt ja: einsam, einzigartig.

Eine solche Wortkunde nähert sich dem „einsamen" Schicksal, der Einzigartigkeit und Einsamkeit des leiblichen Johannes an, die den un-„heimlichen" Hintergrund liefern für alle biblische Erzählung zu und über ihn. Er ist der Proto- und Archetyp des Einzigartigen und Einsamen, was Romantik aufrufen mag, aber für den Betroffenen schwer zu leben ist. Die Bibel erzählt nur Weniges, dafür aber Signifikantes zu dem ersten und vielleicht einzigen Sohn von Zacharias und Elisabeth. Johannes ist *un*beheimatet, ohne Frau und ohne eigene Familie. Als Eremit und Asket lebt er fernab von Heim, Haus und Herd. Angeblich ernährt er sich von „Heuschrecken und wildem Honig" (Mt 3,4; Mk 1,6), tauft und wechselt dazu die Orte, angefangen im Jordantal.

Seine Jünger wechseln schnell zu Jesus über, der ihm nach seiner Jordantaufe nie mehr begegnen wird. Seine prophetische Gabe und sein Glaube an Jesus Christus geraten im Kerker in Erschütterung. Wohl niemand außer Jesus kann das Abgründige seines Zweifels verstehen (vgl. Lk 7; Mt 11). Schließlich wird der Leichnam des ermordeten und enthaupteten Johannes von seinen Jüngern immerhin begraben, aber wohl kaum in einem Familiengrab mit Totenklage und Trauerwoche der Verwandten. Das Leben des Menschen, dessen Name „Johannes" besagt, dass „Gott Gnade gewirkt" habe, scheint gnadenlos: eine tragische Heilsgeschichte.

So führt unsere Spurensuche, die sich möglichst genau an die biblischen Texte hält, zur *Tragik* des Johannes, den man „Täufer" nennt. Dessen Leben bleibt nicht zuletzt deshalb tragisch, weil es in Mord und Verstümmelung endet, *ohne* dass es zu einer Auferweckung des Gemordeten käme oder zumindest zu einer späteren öffentlichen Rehabilitierung. Weder den Apostelbriefen noch der Apostelgeschichte des Lukas ist daran gelegen, dafür aber am Aufweis, dass die restlichen, orientierungsbedürftigen Jünger des Johannes alsbald getauft und der jungen Christengemeinde integriert werden. Es sind die Evangelien, die Johannes seinen heilsgeschichtlichen Platz und seinem Wirken den unvergleichlichen Offenbarungswert beimessen. *Jenseits des Tragischen*, unvergesslich und unzerstörbar steht Johannes in ihnen wieder auf. Wo immer das Evangelium verkündet wird, spricht es auch von ihm und durch ihn.

Johannes: Das andere „Lamm Gottes“ (Ex 29,38 f.)

Nach diesem knappen Rekurs zur Tragik des Täufers Johannes kehrt die bleibende Frage wieder: *Wer* bzw. *was* ist Johannes? –

Dazu sei hier eine Antwort gewagt, die zunächst der Rückerinnerung bedarf an die Begegnung zwischen Jesus und Johannes am Jordan: Johannes erkennt spontan, aus seinem „Sehen“ heraus, den herannahenden Jesus als das „Lamm Gottes“, das die Verfehlung (hamartia) der Welt auf sich nimmt (vgl. Joh 1,29). Alle Evangelien bestätigen Jesu spirituelle und heilsgeschichtliche Identität, wobei anzumerken ist, dass Jesus selbst sich nie „Lamm Gottes“ nannte, sondern vielmehr die Bezeichnungen „Menschensohn“ bzw. „Sohn Gottes“ aufgriff (vgl. Joh 10,36). Dass sich daraus insbesondere seit dem Mittelalter eine Opfer- und Sühnetheologie mit eigener Deutungshoheit entwickelte, das sei hier nur am Rande kritisch erwähnt. Unbedingt erwähnenswert ist es hingegen, dass die Apokalypse Jesus als „Opferlamm“ versteht.

Anders als in der (später verfassten) Apokalypse mit ihrer zentralen Opferlamm-Thematik findet sich der Hoheitstitel „Lamm Gottes“ in den Evangelien lediglich im Munde und als Ausruf des Täufers. In Jesu Segensspruch über Brot und Wein, die er symbolisch als seinen „Leib“ und sein „Blut“ interpretiert (vgl. Mt 26,26–29; Mk 14,22–25; Lk 22,19–20), versteht er sich im *übertragenen* Sinn als Opferlamm in Annäherung an das *Paschalamm.* Allerdings bleibt eine grundsätzliche Differenz zwischen seiner im Segensspruch vorweggenommenen Kreuzigung, also seiner Tötung als „Menschensohn“, und der rituellen, alljährlichen Schlachtung (Schächtung) des Paschalammes als (einjährigem, männlichem) Jungtier, dessen kultische Einverleibung auf Gottes Geheiß hin dem geknechteten jüdischen Volk den Auszug aus Ägypten ermöglichte. Im spirituellen Zeichen der „Eins“ soll das Tieropfer den Einheitsbezug zu Jahwe Elohim stiften und wahren. In der jüdisch-monotheistisch Religion *ersetzt* das (in der Thora genau festgelegte) Tieropfer das Menschenopfer, das in alttestamentlichen Zeiten bei polytheistischen Nachbarreligionen Israels (z. B. bei Phöniziern) noch praktiziert wurde.

Die grausam-blutige Kreuzigung des „Menschensohnes" als „Opferlamm" ist mit dem jüdischen Opferverständnis *keinesfalls* vereinbar. Für dieses gilt nämlich das Opfer in all seinen Formen, Qualitäten und Vollzugsriten stets als *„Korban"*, d. h. als *„Annäherung"* und ehrfürchtiges Näherkommen des an Jahwe Opfernden mit seiner ausgewählten, beziehungsstiftenden *Gabe*. Eine solche Opfergabe kann ein einjähriges Lamm sein, aber unmöglich ein Mensch. Ein rituelles Menschenopfer ist ein *pervertiertes Opfer*, beispielsweise an den phönizischen „Moloch". Jahwe hingegen ist es ein „Gräuel", was insbesondere und in vielfachen Bezügen die Propheten Jesaja, Jeremia und Ezechiel verurteilen. Der Mensch als „Opferlamm" wäre ein Verfall in ein archaisches Opfer-Verständnis, welches Israel seit dem Abraham-Bund, vom Moment der Nicht-Opferung des Sohnes Isaak an (vgl. Gen 22), überwunden hat.

Die zunächst an Johannes und später an Jesus durchgeführte Tötung war Ermordung, *jenseits* von römischem Recht und mosaischem Gesetz. Mit schonungsloser Tiefenschau erkannte und bekannte Jesus noch zur Zeit der Gefangenschaft des Täufers:

> „Aber seit den Tagen des Johannes des Täufers bis jetzt wird das Reich der Himmel gewalttätig behandelt und Gewalttätige reißen es an sich." (Mt 11,12)

Die gewaltsame und listige Tötung des Johannes und des Jesus sind die Verwerfung des messianischen Heilsangebotes und ein Skandalon von unermesslicher Tragik. Intrigant geplant und mit hoch aggressiver Gruppendynamik vorangebracht, wurde das Verbrechen *nicht* von „den" Juden, sondern von einer hintergründigen, verschworenen Elite begangen, die religionspolitisch skrupellos zu operieren verstand.

Jesus als „(Opfer-)Lamm" bezieht sich im neutestamentlichen, übertragenen Sinn, d. h. metaphorisch, auf die mörderische Tötung des „Menschensohnes". Nicht als Sühne für die „Sünde der Welt" opfert sich Jesus an den symbolträchtigen Feiertagen des Pessach (hebr.: überspringen) am Kreuz, sondern in unwiderruflicher Liebe zur (Heils-)Wahrheit seiner Sendung, die sein Schicksal ist. Dieser Liebe zu folgen, formt seine Sendung zum Korban: zum Lebens-Opfer der Annäherung an den einen und einzigen (Vater-)Gott. Dass er sich davon weder entfremden noch abtrennen lässt, sondern mit der Wahrheit seiner Sendung und Gott-Vater-Beziehung ultimativ identisch bleibt, ist seine einzigartige Zeugnis-„Gabe" aus dem Schatten des Skandalons heraus. So transzendiert er es, was in den Evangelien durch seine Auferweckung von Gott her bestätigt wird.

Und Johannes? Von der Begegnung am Jordan an erschaut er prophetisch die Tragik, der Jesus zum Opfer fallen wird: „Siehe, das Lamm Gottes!", so bezeugt die „Stimme des Rufenden in der Wüste" (Joh 1,23). Sie ruft die Wahrheit. Wie aber konnte es sein, dass Johannes der Täufer, der Verwandte und Wegbereiter Jesu, ihn sofort als „Lamm Gottes" identifiziert und erst – folgt man dem Johannesevangelium – fünf Verse später als „Sohn Gottes" (Joh 1,34)? Man mag diese Frage für nebensächlich erachten, zumal sie unmöglich zuverlässig beantwortbar ist. Manchmal jedoch sind Fragen wichtiger als Antworten, die sich bisweilen wie Verschlussdeckel auf die Öffnungen legen, die sich im Fragen auftun können.

Johannes und Jesus gestalten sich in den Erzählungen der Evangelien von Anfang an als ungleiches, aber aufeinander verwiesenes *Paar*: der Wegbereiter und der Messias. Beide sind miteinander verwandt und gleichaltrig. Beide wurden vom Geist ausgewählt und sind Aus-nahmen, herausgenommen von dem, was man Normalbiografie nennt. Beide zweifeln am Lebensende: Johannes an Jesus als Messias (vgl. Mt 11,3), Jesus an der Gegenwart Gottes („Mein Gott, mein Gott, warum hast du mich verlassen?" – Mk 15,34b). Beide sterben eines gewaltsamen Todes. Beide werden Opfer. Hat damals am Jordan nicht vielleicht ein Opferlamm das andere spontan erkannt, ohne an das eigene Opfer-Schicksal zu denken?

Wer also war Johannes, nicht von seinem Täufertum her verstanden, sondern von seinem Schicksal? – Johannes war: das *andere Lamm.*

Im alttestamentlichen Buch Exodus (d. h. „Auszug") wird *zunächst* von dem Paschalamm erzählt, das stehend von den Kindern Israels „um Mitternacht“ zu essen sei und mit dessen Blut die Türrahmen samt Türschwelle zu bestreichen seien, sodass der Todesengel des Herrn nicht eintritt, sondern das Haus „überspringt“. Nach dem Auszug aus Ägypten, während der Wüstenwanderung und nach der Gottesgabe der „Zehn Weisungen“, noch lange vor dem Opferkult im Jerusalemer Tempel, gibt Jahwe seine nun *fortwährend* geltenden Anweisungen (vgl. Ex 29) für das *tägliche, zwei-teilige* Opfer auf dem Altar (Ex 29,37) vor der Stiftshütte, dem zentralen „Zelt der Begegnung“ und des Gerichts.

> „Und das, was du bereiten sollst auf dem Altar sind *zwei* einjährige *Lämmer* pro Tag *fortwährend.* Das Lamm, das *erste,* sollst du bereiten am Morgen. Und das Lamm, das *zweite,* sollst du bereiten zwischen den Abendstunden.“ (Ex 29,38–39)

Wie fragten doch die erstaunten Verwandten und Nachbarn bei der Geburt des Johannes?

> „*Was* wird wohl dieses Kind *sein?“* (Lk 1,66b)

Sie alle fragten nicht „Wer“, sondern „*Was*“ das Kind *sein* wird. Er wird das *andere Opferlamm sein* und zuerst geopfert werden, noch bevor Jesus zeitversetzt „um die 9. Stunde“ (Mk 15,34), am „Rüsttag“ (Vortag/Vorabend: „Erev“) des Paschafestes, ebenfalls geopfert werden wird.

Nachwort: Zum Ende der Spurensuche

Weil ein „Nach"-Wort sich stets als nachträgliche und zusätzliche Reflexion versteht, kommt es meist zu spät. Dieses „zu spät" gehört zur Tragik der Nachworte, die aber nicht zwangsläufig eintreten muss. Statt einen nachgeschobenen Reflexionsraum abzugeben, kann das Nachwort auch einen *Resonanzraum* auftönen lassen, der Leser und Leserin hinaus begleitet aus der „Archi-Textur" des Gelesenen, und der bei der Verabschiedung noch etwas auf den Weg mitgibt. Vielleicht wendet sich der Leser, die Leserin aber auch selbst nochmals um und dem Gelesenen im Rückblick zu. Ein Buch „zu Ende" gelesen zu haben, ist jedenfalls auch eine gefühlte Grenze, wie wenn man nach einer Einladung das Haus des Gastgebers verlässt. War es wert, der Einladung nachgekommen zu sein? Was bleibt und was sagt sie einem im Ab- und Nachgang? Jede(r) Leser(in) kann sich das selbst fragen und nur selbst ehrlich beantworten. Die folgenden Gedanken können eine Unterstützung sein für die eigene Antwort.

Bereits in der Sprache des Buchtextes mit ihren biblischen und anthropologisch-lebensweltlichen Erschließungsvorgängen eröffnen sich hoffentlich Sinnhorizonte des „Dazwischen": Zwischen Jordan und Jerusalem, zwischen Johannes und Jesus, zwischen Zeugnisgabe und Zweifel, zwischen „Himmel und Erde", geschehen die Vers-Wendungen der biblischen Texte, denen die Sprache des Buches folgepflichtig ist. Die *Textanalyse* beschränkte und zentrierte sich auf einschlägige biblische Texte ursprünglich hebräischer bzw. griechischer Fassung, um so dem „Wort" möglichst auf die Spur seines originären Aussagens zu kommen. Nur so können die Texte selbst ihre *Sinnführung* übernehmen und überraschend auf die Lesenden wirken.

Zur (biblischen) Offenbarung gehört ihr Überraschungseffekt auf die Hörer/innen bzw. Leser/innen. Die Texte, verlebendigen und vergegenwärtigen sich nicht nur mit überraschenden Inhalten, sondern ebenso mit ihrer überraschenden (Eigen-)

Logik. Darauf galt es in dieser Schrift nicht nur allgemein hinzuweisen, sondern es kam darauf an, diese einmaligen Textqualitäten aufscheinen, sich zusprechen und sich inszenieren zu lassen: Johannes' Beschneidung und Namensgebung, seine Wüstenaskese, sein Taufen am Jordan, die Begegnung zwischen den „Zweien" (Jesus und Johannes), seine Gefangenschaft und Ermordung; all dies sind in Inhalt und Abfolge-Logik Szenen voller Sinn und Wahrheit, die sich zeigen, aus- und zusprechen. Hauptsächliche Aufgabe des Buchtextes ist es, diesen anderen „Logos" der Bibeltexte zentriert auf Johannes als Gestalt des *Heilsdramas* sprechen und erlebbar werden zu lassen. Denn Wahrheit kann sich nur im Drama wahren Sprechens artikulieren.

Das Drama um Johannes den Täufer weitet sich im Fortgang der Lektüre zum Beziehungsdrama „zwischen" Jesus und Johannes. Es wechselt im neutestamentlichen Geschehensverlauf zur Tragik des Täufers: seines Zweifels, seiner Gefangenschaft und Ermordung. Drama aber, das sich *wendet*, um tragisch zu enden, entbirgt – damals wie heute – seine eigene Botschaft an die, die sich lesend und nachspürend darauf einlassen. Der Buchtext ist darin Zeuge, wie der Sinn der Sendung des Johannes überraschend einkehrt ins Tragische und sich erschließt in der fatalen Opferung des Täufers. Er, der Jesus als Einziger zum „Lamm Gottes" ausruft, ist selbst das andere „Lamm Gottes" (vgl. Ex 29,38–39), das tragisch, aber nicht sinn-los geopfert wird. Anders als das eine Paschalamm, das als Opferlamm dient beim Auszug Israels aus Ägypten, verlangt der von Jahwe über Mose während der Wüstenwanderung angeordnete Opferkult nach „*zwei* einjährigen Lämmern" (Ex 29,38).

Tragik und *(Opfer-)Mythos* durchformen bald offen, bald verdeckt die *Heilswahrheit* des Evangeliums, das durch sie mitgestaltet und jedweder Eindimensionalität entzogen wird. Die einleitend angesagte Spurensuche führt bis an diese *abgründige Wahrheit*.